献给
中国共产党领导的伟大事业

实事求是、因地制宜、分类指导、精准扶贫

——习近平

此照存立

十八洞村精准扶贫档案实录

中共湖南省委宣传部
湖南省扶贫开发办公室 **主编**

C🅢S｜湖南人民出版社

石拔哑　杨春妹　施志春　龙圆满　施关保　　施林娇

龙太金　施芳丽　龙德成　杨超文　龙明环　　杨金莎、杨博超

龙厚东　施　俊　施金文　施兰珍　石顺莲　　杨　斌

龙先兰、吴满金　施树林　龙拔二　龙元章　龙金丽　施　康

前　言

2013 年 11 月 3 日，习近平总书记来到十八洞村考察调研。这里的村民们，做梦都想不到，会在家门口见到党和国家的最高领导人。总书记说，他这次到湘西来，主要是看望乡亲们，同大家一起商量脱贫致富奔小康之策。

十八洞村位于武陵山脉中段，隶属湖南省湘西土家族苗族自治州花垣县，辖 4 个自然寨、6 个村民小组，是纯苗族聚居区，苗族原生态文化保存完好。有耕地 817 亩，其中旱土 200 亩、水田 617 亩，人均耕地 0.83 亩。有林地 11093 亩，森林覆盖率 78%。平均海拔 700 米，属高山岩溶地区，溶洞众多，景观奇特。

武陵山区是我国 14 个集中连片特困地区之一，自然灾害高发，贫困面广，贫困程度深。选择什么样的扶贫道路，才能让这里的人们改变命运，过上幸福生活？这是总书记最为关心的。

总书记走进了石拔哑家，察看了她家的谷仓和猪圈；在退休老师杨冬仕的家门口，亲切地和他握手；又到了施成付家，在他家的院子里和村民代表、村干部座谈。

正是在十八洞村，总书记首次提出"实事求是、因地制宜、分类指导、精准扶贫"的重要思想，要求湖南省、湘西州、花垣县带领十八洞村闯出"不栽盆景，不搭风景""可复制、可推广"的精准脱贫之路，并嘱咐抓好三件大事：一是因地制宜发展产业，该发展什么、种什么、养什么都结合实际地抓；二是基本公共服务惠及农村，让老百姓得到实惠；三是抓好农村教育，关心好下一代，不让贫困群众的下一代输在起跑线上。

在总书记精准扶贫思想指引下，2014年初，十八洞村率先对贫困户建档立卡，做到精准识别。全村239户946人中，建档立卡户136户533人，贫困发生率为56.76%。2016年，其中6户因有家属担任村干部，核准退出。村里因地制宜，针对不同致贫原因分类帮扶，制定了全村整体发展规划、扶贫项目规划和农户个体脱贫规划。

首倡之地践行首倡之为，十八洞村实现了从深度贫困向人均纯收入破万元的转变：2014年底，9户46人脱贫，人均纯收入8956元，户人均纯收入最低为3040元，最高为19416元。2015年底，52户223人脱贫，人均纯收入10635元，户人均纯收入最低为4574元，最高为20912元。2016年底，75户264人脱贫，人均纯收入7798元，户人均纯收入最低为3200元，最高为22105元。村民们已实现了"两不愁，三保障"，义务教育阶段学生百分百入学，家庭人口百分百加入新型农村合作医疗，住房百分百达到安全标准。2017年，全村人均纯收入由2013年的1668元增加到10180元，首次破万元，贫困发生率下降到1.17%，村集体经济收入53.68万元。2019年，人均纯收入14668元，村集体经济收入 126.4 万元。

　　档案见证巨变。它们的背后，是一个个开天辟地的动人故事，是一曲曲感人至深的大地颂歌。《立此存照：十八洞村精准扶贫档案实录》原原本本地呈现了 24 户建档立卡户的部分原始档案，有图，有数，有真相。

　　书中分为"担任'形象大使'""经营农家乐""家门口就业""'山货集'买卖""种植养殖""房屋租赁"和"兜底保障"等 7 个板块。7 个板块，7 条脱贫路径。

　　"致富梦"托起了十八洞村"精准扶贫"新希望，"幸福史"刻画了十八洞村"精准扶贫"新路径，"特色牌"拓展了十八洞村"精准扶贫"小康路。十八洞村精准扶贫是中国脱贫攻坚战的一个缩影。翻开十八洞村的精准扶贫档案，能使我们在民族复兴的伟大征程中，更近距离地观察、感受到中国的"脱贫奇迹"。

目　录

担任『形象大使』

十八洞村生态旅游资源丰富，苗族文化底蕴深厚，民居特色鲜明，对接湘西全域旅游圈便利。

十八洞村扶贫工作队和村两委将乡村旅游作为精准脱贫的重要抓手，精心谋划，强力推进。全村在保护传统村落的前提下，将最具优势的村落景观、特色民族文化资源加以开发利用，走绿色的可持续的旅游发展道路。

"大姐"石拔哑、精准扶贫广场的施成付和龙德成，成为十八洞村乡村旅游的"形象大使"。三位老人，82岁、75岁、70岁，都经历过村里的贫穷岁月，也见证了新时代的巨变。

湖南省农村扶贫对象

档

案

户主姓名：施成付

花垣 县（市、区）排碧 乡镇 十八洞 村

申请日期：2014 年 3 月 4 日

户主姓名：施成付

2

湖南省农村扶贫对象申请审批表 ①

十八洞 村委会：

　　本人姓名 施成付 性别 男 年龄 76 家庭人口 3 人（其中有劳动能力的 1 人），现为 6 组居民，有住房面积 120 平方米，房屋结构为 木房 ②。承包责任田 2.3 亩，责任山 13.9 亩，④责任土 1.89 亩。家庭主要收入来源是 务农 ③，上年度大致收入 4500 元。

　　因 病 原因家庭困难，特申请农村扶贫对象户待遇。

申请人签字：施成付

2014年 3 月 4 日

审批意见	村评议小组评议情况	根据 施成付 户的申请，我们于 2014 年 2 月 21 日对申请户进行民主了评议，参加评议人数 28 人，该申请户得到同意票 17 张，得票排位第 6 名。 评议小组组长签字： 2014 年 3 月 21 日	村委会评议意见	经调查并公示，该户符合扶贫对象相关条件，同意申报农村扶贫对象户。 负责人签字：施进兰 2014 年 8 月 5 日（公章）
	乡镇审核意见	经核实，同意申报该户为农村扶贫对象户。 负责人签字：吴永忠 2014年 8 月 28 日（公章）	县扶贫办复核意见	经复核，同意申报该户为农村扶贫对象户。 负责人签字： 2014 年 9 月 6 日（公章）
	县政府审批意见	经审查，同意该户享受农村扶贫对象户待遇。 2014年 9 月 29 日（公章）		

备注：要求准确表述本户致贫原因，不能笼统填缺钱、缺技术。

4

注释：

① 2014 年初，十八洞村摸索出"七步法"来精准识别贫困户。"七步法"为：户主申请、群众投票识别、三级会审、公告公示、乡镇审核、县级审批、入户登记。

② 十八洞村民居特色鲜明，绝大部分是穿斗式木结构房屋。全村依坡建屋，建筑群体高低错落。木房都架空离地四五十厘米，以木柱支撑，抬高居住层，以便防潮、防虫蛇。这类木房，易于加工，稳定性强，非常适应当地的气候和环境。

③ 十八洞村山多地少，尤其耕地少，耕地大部分是梯田。

④ 2014 年以前，绝大部分十八洞村村民家庭主要收入是务农、务工所得，2014 年以后村民收入逐渐实现多元化，如经营农家乐、家门口就业、发展种植养殖等。

扶贫手册

国务院扶贫办　监制

花垣县扶贫办　制发

家 庭 情 况

户主姓名	施战付	性别	男	
家庭人口	(3).4人	民族	苗族	
出生时间	1938 年 2 月 24 日			
联系电话	13762140□□			
识别标准	国家标准			
家庭住址	花垣县排碧乡十八洞村6组			
贫困户属性	低保贫困户			
主要致贫原因	因病			
耕地面积（亩）	4.18	林地面积（亩）	13.9	
牧草地面积（亩）	0	住房面积（平方米）	120	

1

家 庭 成 员

姓 名	公民身份号码 或残疾证号码	与户主 关系	劳动能力
施成付	4331241938°224	户主	无劳动力
龙德城	43312419450602	配偶	无劳动力
施金友	4331241974°928	之子	普通劳动力
扎宽春	5135221983°303	之儿媳	普通劳动力 2015.6娶人户

帮 扶 责 任 人

姓 名	单位名称	单位隶属关系	联系电话
麻文权	县扶贫开发办	县直	13907438
吴望	县扶贫开发办	县直	15274599

帮扶措施

时间	项目内容	帮扶单位
2014年	1.帮助发展狝猴桃、1132工程①	县扶贫办、县猕猴桃合作社
	2.帮助联系医疗扶贫②	县卫计局
	3.帮助宣传各项扶贫政策、③感恩教育会转变	县驻村工作队
	4.帮助进行电网改造、解决百来水入户④	深圳益相应公司县水利局
	5.帮助落实低保政策⑤	
	6.帮助落实社保和生态补偿政策⑥	人社局林业局
2015年	1.帮助发展狝猴桃、花卉1132工程	县扶贫办、县猕猴桃合作社

帮 扶 措 施

时间	项 目 内 容	帮扶单位
	2.帮助联系医疗扶贫	县卫计局
	3.帮助宣传专项扶贫政策及感恩报道宣传报道	县委驻村工作队
	4.帮助进行入户登记、现房前庭后杂石板改造⑦	县扶贫办
	5.帮助联系落实低保政策	县扶贫办
	6.帮助落实社保和生态补偿政策	人社局 林业局
	7.帮助引导开办农家乐⑧	县委驻村工作队
2016年	1.帮助发展养殖特色种植、113工程花卉、养殖等产业委托帮扶⑨	县扶贫办 县蔬菜合作社

4

帮扶措施

时间	项目内容	帮扶单位
	2. 帮助联系医疗扶贫	县卫计局
	3. 帮助进行院坝青瓦板改造 ⑩	县委驻村工作队
	4. 帮助落实社保和生态补偿政策	县扶贫办
	5. 帮助联系落实低保政策	人社局 林业局
	6. 落实金融扶贫政策 ⑪	县扶贫办 信用社
	7. 帮助引导种植蔬菜、生猪养殖补贴	县委驻村工作队
2017年	1. 帮助发展养殖猕猴桃. 43亩	县扶贫办 县商业及合作社

5

帮扶措施

时间	项目内容	帮扶单位
	2.帮助联系医疗扶贫	县卫计局
	3.帮助宣传专项扶改策,转变发展思路.激发脱贫致富内生动力	县委与驻村工作队人
	4.帮助落实社保和生态补偿之政策	人社局 林业局
	5.帮助引导开办农家乐	县委与驻村工作队人
	6.落实扶贫持惠保⑫	
2018年	1.帮助发展饲养猪规模.113乙种	县扶贫办.县畜牧各合作社
	2.帮助联系医疗扶贫	县卫计局

6

帮 扶 措 施

时间	项目内容	帮扶单位
	3.鼓励外出务工增加收入 ⑬	县委驻村工作队
	4.帮助联系落实社保政策和生态补偿政策	人社局 林业局
	5.落实特惠保政策	县委驻村工作队
2019年	1.发展油茶猕猴桃、水蜜桃工程	县农业农村局
	2.落实医疗扶贫政策	县医院局
	3.落实社保政策和生态补偿政策	县人社局、自然资源局
	4.帮助流转土地至发展银耳合作会 ⑭	县委驻村工作队
	5.帮助提升务农家庭经营环境	县委驻村工作队
2020年	1.发展油茶水蜜桃产业	县扶贫办、商务公间
	2.继续实施健康扶贫政策	县医院局
	3.社会保障政策帮扶	县人社局
	4.实施教育扶贫帮扶 ⑮	县文教局
	5.鼓励引导企业就地就近转移就业 ⑯	县人社局工作队
	6.落实危房改建住房保障政策	

帮 扶 成 效

时间	成 效 内 容	签字
2014年	1.发展种植猕猴桃产业支持财扶资金900元，1132猪养殖支持100元购买黄桃10株。	施成付
	2.交医疗保险家庭个人出资60元/人，财政外贴320元/人，获得贝托克外贴1280元，获得低保金3240元，生态补偿168元，养老金1320元。	施成付
	3.思想观念得到心理是没意了解精准扶贫政策。	施成付
	4.路网接通入户，自来水入户入厨	施成付
	5.外出务工收入4000元。	施成付
2015年	1.发展种猕猴桃支持财扶资金请请，1132猪养殖支持100元购买黄桃10株花卉盆栽受益2000元。	施成付
	2.交医疗保险个人出资90元/人，财政外贴380元/人，财政改革补贴520元，获得低保金4320元，生态补偿168元。养老金1800元	施成付

8

帮扶成效

时间	成效内容	签字
	3. 入户道路和房前屋后铺成了青石板.	匀田成付
	4. 思想观念得到切实转变并意识精准扶贫政策.	匀田成付
	5. 务农纯收入4000元	匀田成付
	6. 外出务工收入8000元.	匀田成付
2016年	1. 发展狗养猪等种养殖并持财扶资合作管理1132种款并持54元买菌菇300屋和100元种黄柏10株,外租种合项取桃树认领款2400元花卉产业委托帮扶获益1600元,生猪养殖补贴1500元	匀田成付
	2. 在医疗保险个人出资90元/人,财政补贴360元/人,财政补贴1440元,获得低保金5328元,生态补偿168元,危房电改费补偿贴息1812.5元,养老金1920元.	匀田成付
	3. 务农纯收入60000元.	匀田成付

9

帮扶成效

时间	成效内容	签字
	4.外出务工收入4000元	向德成付
2017年	1.发展猕猴桃获分红400元。113工程获领取猕猴桃树认领款400元	向德成付
	2.享医疗保险个人出资120元/人，县扶贫补贴480元/人，财政补贴保险1920元，生态补偿168元，养老金2040元，住院补偿	向德成付
	1403元，金融扶贫贴息补偿1812.5元，获得特惠保资金240元。 3.思想观念得到切实转变，熟知精准扶贫政策。	向德成付
	4.农家乐收入16000元。	向德成付
	5.外出务工收入8000元	向德成付
2018年	1.支持贴扶贫资金培管猕猴桃113工程支持100元购买黄桃10株。	向德成付

帮扶成效

时间	成效内容	签字
	2. 享受医疗保险个人出资75元/人贝有效补420元/人.	施成付
	3. 生态补偿168元.	施成付
	4. 享受养老保60元/人.	施成付
	5. 享受养老保险900元/人.	施成付
	6. 享受耕地保护补贴43元	施成付
	7. 享受退耕还林补助:200元;享受生态公益林补贴:20元.	施成付
	8. 玉米良种补贴:9元;中稻良种补贴:55元.	施成付

11

2019年   1. 发展分红合作社分红3600元

2. 土地流转2208元

3. 村集体经济代缴养老保险和医疗金600块   施成付

4. 森林综合补贴109元

5. 养老金收入247元/年. 小

6. 农家乐收入15000元

7. 采伐地地力保护补贴2242元   施成付

8. 森林生态公益林补贴25.46元

2020年   1. 发展分红合作社分红4800元.

2. 村集体代缴新农合、新农保、   施成付

3. 3解新冠肺炎相关知识，下调居意识提高   施成付

4. 享受养老保险103元/人/月   施成付

5. 提振山货渠道就业机会带动就业头   施成付

6. 旅游板块1500元/月人   施成付

注释：

① 2014 年，十八洞村开始发展猕猴桃产业。9 月，花垣县苗汉子野生蔬菜种植专业合作社（简称苗汉子合作社）与十八洞村联合成立十八洞村苗汉子果业有限责任公司，主要种植猕猴桃。公司基地面积 1000 余亩，其中 970 亩在县农业园区，为省级产业示范基地，30 亩在十八洞村内，为村级产业示范园。十八洞村苗汉子果业有限责任公司注册资金 600 万元，其中苗汉子合作社占股 51%，十八洞村占股 49%（村民以帮扶资金入股，占股 39%，村集体占股 10%）。2017 年，猕猴桃初挂果，当年首次分红，建档立卡户人均年收入增加 1000 多元。

"113" 工程，即每户种 10 棵冬桃树、10 棵黄桃树，养 300 条稻香鱼。

② 十八洞村建档立卡户由政府代缴一半合作医疗保险费。2018 年 11 月 26 日，湖南省医疗保障局、财政厅、扶贫开发办公室联合印发《湖南省医疗保障扶贫三年行动实施方案（2018—2020 年）》，明确将农村建档立卡贫困人口作为医疗救助对象，确保将贫困人口全部纳入城乡居民基本医保、大病保险制度、医疗救助制度覆盖范围。

③ 因为偏僻等原因，2013 年底十八洞村老百姓思想还比较封闭，"等、靠、要"现象仍然比较严重。对于村里的发展，村民思想不统一，内生动力不足。经过磨合、探索和创新，扶贫工作队形成了一套以"道德和诚信"作为管理核心的管理模式，"饮水思源，自律自强"

逐渐成为十八洞村人的自觉行动。

开设道德讲堂，积极宣讲村民身边的好人好事、先进典型，定期或不定期开展孝心活动，提升村民素质，实现思想统一。2015年至2019年，十八洞村共开设道德讲堂80余场次，参加课堂教学的有3000余人次。通过道德讲堂，村民们的思想不断转化，村里的矛盾少了，消极的现象少了，大家积极支持村里的公益活动，累计义务投工投劳5000多个。

围绕"讲文明，树新风"，开展"告别不文明行为"主题教育活动，促使村民摒弃不文明行为。"告别手中的不文明行为"，突出解决乱堆乱搭、乱扔乱倒、乱贴乱画、乱停乱放、损坏公物等不良道德问题，培育村民自觉遵守社会公德的思想意识；"告别口中的不文明行为"，突出解决随地吐痰、肆意攻击、谈吐不雅等不良道德问题，倡导人们养成良好的文明习惯。

2015年，村里开始实行思想道德星级化管理评比。评比内容包括六个方面：支持公益（15分）、遵纪守法（17分）、社会公德（17分）、职业道德（17分）、家庭美德（17分）、个人品德（17分）。根据得分情况，把农户定为五个等级：五星级（得分90分以上）、四星级（得分80～89分）、三星级（得分70～79分）、二星级（得分69分以下），五星级为最高等级，二星级为最低等级。评比时以组为单位，由18岁以上村民进行互相评分，评比结果当场宣布，及时张榜公布，并实行挂牌管理。通过道德星级化评比，村民互相监督，共同成长，村里的人文环境得以进一步优化。

④⑦⑩加强基础设施建设。到2016年底，十八洞村水、电、路、房、网、环境治理"六到户"和改厨、改厕、改浴、改圈、民居改造等"五改"工程基本完成，所有农户房前屋后全部铺上青石板。村里还升级改造了村小学和卫生室，新建了村游客服务中心、电商

服务站、苗寨特色产品店、金融服务站和民族文化展示中心等设施，基础设施得到有效改善。

⑤基于村评议小组评议情况和施成付家的实际情况，2014年施成付家被评为低保户。经营农家乐致富后，2017年退出低保户。

⑥"五个一批"包括"生态补偿脱贫一批"。自2014年以来，十八洞村建档立卡户几乎都享有生态补偿政策。2019年，按照湖南省政府统筹资金的要求，整合中央和省级林业专项资金75579万元，切块下达给51个贫困县。2019年重点防护林建设全省新增资金2500万元，安排给11个深度贫困县400万元，占总额的16%；造林补贴全省新增资金全部向深度贫困县倾斜，为总额的100%。

⑧随着乡村旅游的发展，帮扶经营农家乐成为旅游扶贫的一个重要措施。施成付家是十八洞村第一批开办农家乐的建档立卡户。

⑨2018年9月以前，养猪帮扶是十八洞村扶贫措施之一，鼓励每家每户养几头猪。

⑪金融扶贫主要是为建档立卡户提供3万至5万元免息贷款。

⑫湘扶办联〔2017〕4号文件《关于开展"扶贫特惠保"工作的通知》明确，"扶贫特惠保"主要内容为贫困家庭综合保障保险、借款人意外保险、精准扶贫特色农业保险三项，是探索和创新保险扶贫的一种方式。

⑬乡村旅游不能解决村里所有劳动力的就业问题，外出务工仍是村民增收的措施之一。2018年施成付家的农家乐承包给别人经营，获得财产性收入16万元。村里鼓励施成付的小儿子施全友外出务工。

⑭2018年9月4日，十八洞农旅农民专业合作社成立。2019年，十八洞村集体经济联合社成立。村里决定把十八洞农旅农民专业合作社整合并入十八洞村集体经济联合社，实行"两块牌子一套人马"管理，形成了由十八洞村集体经济联合社统筹、十八洞农旅农民专

业合作社具体落实的发展模式。

截至 2020 年 5 月，十八洞农旅农民专业合作社、十八洞村集体经济联合社在本村范围内共完成农业产业种植 650 亩，其中十八洞黄金茶种植 200 亩（五龙公司 150 亩，村集体示范基地 15 亩，农户种植 35 亩），黄桃种植 300 亩（村集体 90 亩，种植大户 210 亩），白芨种植 50 亩，无患子种植 50 亩，迷迭香种植 30 亩，果桑种植 20 亩。多样化的农业产业格局，增强了十八洞村农业产业抗风险的能力。

⑮旅游扶贫是十八洞村有效的扶贫方式之一。施成付家的院子成为游客必到的精准扶贫广场，他家的农家乐已改名为精准坪饭庄。

⑯就地转移就业。花垣十八洞旅游开发有限公司（简称"旅游公司"）为十八洞村提供了就地转移就业的岗位，包括旅游公司管理人员、讲解员、保安、保洁员、摆渡车售票员及检票员等。湖南十八洞山泉水有限公司（简称"十八洞山泉水厂"）也为村里提供了就业机会。

附件5

花垣 县市区 2014、2015 年度已脱贫户复核表

户主姓名：__施成付__ 家庭人口：__4__人 身份证号码：_433124193802244____

__双龙__乡镇 __十八洞__村 __六__组 联系电话：__137621400___

序号	脱贫指标	验 收 标 准	乡镇核实
1	家庭当年农民人均纯收入稳定超过国家脱贫标准	家庭当年农民人均纯收入稳定超过国家脱贫标准。计算方法：农民人均纯收入＝（总收入－家庭经营费用支出－税费支出－生产性固定资产折旧－农村内部亲友赠送)/农村居民家庭常住人口。	人均纯收入 17023 元。 达标☑ 未达标□ （原因：_____）。
2	不愁吃	家庭成员常年食品支出由家庭自主保障或国家保障,饮水安全达标。	达标☑ 未达标□ （原因：_____）。
3	不愁穿	家庭成员常年服装支出由家庭自主保障或国家保障。	达标☑, 未达标□ （原因：_____）。
4	基本医疗保障	家庭成员均参加城乡居民基本医疗保险,并享受其他医疗保障政策。	达标☑, 未达标□ （原因：_____）。
5	义务教育保障	适龄未成年人均能接受义务教育,没有因贫辍学的现象（因重度残疾、精神病或重大疾病等原因不能正常上学的除外），家庭成员享受其他相应教育扶贫政策。	达标☑, 未达标□ （原因：_____）。
6	住房安全保障	房屋场地安全,结构安全,满足正常使用要求和抗震要求,人均建筑面积不低于13平米(用于服务储藏、农具放置等辅助用房不计入面积控制要求)。属于易地扶贫搬迁的贫困户,按省发改委、省住建厅确认的搬迁安置房相关标准执行。	达标☑, 未达标□ （原因：_____）。
7	乡镇复核意见	经复核,该户达到脱贫标准。： 复核人（签名）： 2017 年 7 月 20 日	
8	农户确认	本户已达到脱贫标准。 户主签名:施成付 2017年 7 月 20 日	
9	村级公示情况	该户已于2017年 7月22日－29日进行公示，公示无异议。 乡镇盖章	

说明： 1.此表一式3份、村委会、乡镇人民政府、县市区扶贫办各存1份。

23

希望能活到一百二三十岁

2013 年 11 月 3 日，习近平总书记来到十八洞村，在施成付家的院子里，与村干部和村民代表亲切座谈。施成付与老伴龙德成参加了座谈，一左一右坐在总书记身边。

施成付出生于 1938 年，老伴龙德成出生于 1945 年，两人育有三儿一女。大儿子施全富、二儿子施全华婚后独立建房，老两口与小儿子施全友共同生活，住在有近 100 年历史的老房子里。

2014 年以前，施全友在外务工，两三千元一月，除掉花销，基本没有剩余的钱带回家。老两口在家种水稻和玉米，同时养一两头猪、几只羊，虽能吃饱饭，却很贫困。老房子厕所是一个大缸上搭两块木板，屋顶漏雨，没有厨房，生活条件差。施全友快 40 岁了还没找到媳妇。

2014 年初扶贫工作队进村后，施成付家被确认为建档立卡户。在国家扶贫资金的支持下，村里路修好了，房前屋后铺上了青石板，家家户户通了自来水，电网改造后用电稳定了，还进行了改厨改厕。村里不搞大拆大建，对 225 栋民居进行了风貌改造，村容村貌焕然一新。随着乡村旅游的发展，施成付家成了"网红"打卡地，他家的院子有了一个响亮的名字——精准扶贫广场。游客们都会到广场感受总书记的扶贫情怀，观赏四周"小张家界"的壮丽风景。

2014 年 4 月，施全友带女友回家，在村里开起了第一家农家乐。2015 年元旦，41 岁的施全友顺利"脱单"。2016 年初，中央电视台《新闻联播》报道十八洞村的扶贫成果后，十八洞村的知名度进一步扩大，村里的游客越来越多，农家乐越来越红火。这几年，施成付家的农家乐每年都有 10 多万元的纯收入。家里的地，一部分被征收，一部分流

上图：2013 年 12 月，施成付与老伴龙德成在家门口

下图：2020 年 8 月，施成付家门口

转出去了。施成付和老伴龙德成每天乐呵呵的，见到游客就用夹杂着普通话的苗语开心地讲述自己家这些年的变化，还特别介绍说，他俩去了北京，参加了《星光大道》节目的录制，向全国人民讲十八洞村的脱贫故事。

施成付、龙德成心声

现在生活可以，比较幸福，希望能活到一百二三十岁，多过过好日子。

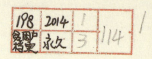

湖南省农村扶贫对象

档

案

户主姓名：施吉文

花垣 县（市、区）排碧 乡镇 十八洞 村

申请日期：2014 年 3 月 4 日

户主姓名：施吉文

湖南省农村扶贫对象申请审批表

<u>十八洞</u> 村委会：

　　本人姓名<u>施政</u>性别<u>男</u>年龄<u>76</u>家庭人口<u>5</u>人（其中有劳动能力的<u>2</u>人），现为<u>6</u>组居民，有住房面积<u>130</u>①平方米，房屋结构为<u>木房</u>。承包责任田<u>1</u>亩，责任山<u>15.3</u>亩，责任土<u>4</u>亩。家庭主要收入来源是<u>务农</u>，上年度大致收入<u>7000</u>元。

　　因<u>缺资金、缺技术</u>原因家庭困难，特申请农村扶贫对象户待遇。

申请人签字：施政

2014年 3月 4日

审批意见	村评议小组评议情况	根据<u>施政</u>户的申请，我们于<u>2014</u>年<u>2</u>月<u>21</u>日对申请户进行民主评议，参加评议人数<u>28</u>人，该申请户得到同意票<u>16</u>张，得票排位第<u>15</u>名。 评议小组组长签字：施政 2014年 2月21日	村委会评议意见	经调查并公示，该户符合扶贫对象相关条件，同意申报农村扶贫对象户。 负责人签字：施世益 2014年 8月 5日（公章）
	乡镇审核意见	经核实，同意申报该户为农村扶贫对象户。 负责人签字：吴永军 2014年 8月28日（公章）	县扶贫办复核意见	经复核，同意申报该户为农村扶贫对象户。 负责人签字：张毅 2014年 9月 6日（公章）
	县政府审批意见	经审查，同意该户享受农村扶贫对象户待遇。 2014年 9月29日（公章）		

备注： 要求准确表述本户致贫原因，不能笼统填缺钱、缺技术。

家 庭 情 况

户主姓名	施𡐦文	性别	男	
家庭人口	5	民族	苗族	
出生时间	1938 年 11 月 10 日			
联系电话	1807431 8···			
识别标准	国家标准			
家庭住址	花垣县排碧乡十八洞村6组			
贫困户属性	低保贫困户			
主要致贫原因	缺技术、缺资金			
耕地面积（亩）	5	林地面积（亩）		15.3
牧草地面积（亩）	0	住房面积（平方米）		120

1

家 庭 成 员

姓 名	公民身份号码 或残疾证号码	与户主 关系	劳动能力
施吉文	433124193811100...	户主	2016.11已故
石技哑	433124195009116...	配偶	
施元兴	4331241975036...	户主	是
石群康	433124母005022...	外孙	
石群宝	433124200109287...	外孙	

帮 扶 责 任 人

姓 名	单位名称	单位隶属关系	联系电话
博仕超	县扶贫开发办	县直	1397436...
龙书伍	十八洞村支部	村支两委	15067401...

2

帮扶成效

时间	成效内容	签字
2014年	1.发展猕猴桃产业支持财扶资金6000元,1/3工程获得支持100元,购买鲜本桃10株;	施元兴
	2.交医疗保险家庭个人出资60元,财政补贴320元,获得财政补贴600元,获得低保金5440元,获得养老保险金1800元,生态补偿428元,推院补贴3312元;	施元兴
		施元兴
	3.思想观念得到明显改变,了解了精准扶贫政策;	施元兴
	4.农网接通入户,自来水入户入厨。	施元兴
2015年	1.发展猕猴桃支持财扶资金培管,1/3工程获支持100元购	施元兴
	买黄桃10株,花卉委托帮扶受益2400元;	施元兴

8

帮扶成效

时间	成效内容	签字
2015年	2.交医疗保险个人出资90元/人,财政补贴380元/人,财政共补贴1900元,荻得低保金5400元荻得养老保险金1800元,生态补偿428元;	施元兴
	3.思想得到切实转变,了解国家精准扶贫政策;	施元兴
	4.八户道路和房前屋后铺成了青石板。	施元兴
2016年	1.发展猕猴桃支持财扶资金培管,以工荻支持5元买鱼苗300尾和100元购买黄桃10株种植并领取桃补对补会同款1200元,花卉产业变托帮扶荻得益200元,养猪补贴1500元	施元兴
	2.交医疗保险个人出资90元/人,财政补贴380元/人,财政共补贴1800元荻得低保金5400元,荻得养老金1800元,生态补偿428元	施元兴
	4.2个孩子荻支持助学金3500元 ③	施元兴
	5.思想观念,得到切实转变了解了精准扶贫政策。	施元兴

9

帮扶成效

时间	成效内容	签字
2017年	1. 发展猕猴桃——113工程获领取桃苗补贴资款——元	施元兴
	2. 读书收入10000元④	施元兴
	3. 交通医保缴个人出资120元/人 财政补贴480元/人 财政补贴保险金1820元 获得低保金5400元 获得养老保险金1000元 生态补偿428元	施元兴 施元兴
	4. 2个孩子获支撑助学金3500元⑤	施元兴
	5. 思想观念得到切实转变 了解精准扶贫政策。	施元兴

帮 扶 成 效

时间	成 效 内 容	签字
2018.	① 粮食种植 5000元 ② 养殖业 1026 ③ 低保 7584元 ④ 生态 396.15	施元兰
		施元兰
	⑤ 旅游志愿者生活补贴 12000元 ⑥ 卖书收入 8000元.	施元兰

帮扶成效

时间	成效内容	签字
2019年	1. 猕猴桃产业分红 2400元. 2. 低保收入 8424元.（612元/月）	施元兰
	3. 养老金收入 1246元.	施元兰
	4. 教育生活补助 5000元/年.2人.	施元兰
	5. 卖书收入 10000元.	施元兰
	6. 旅游志愿者生活补助 1800元.	施元兰
	7. 土地流转收入 5506元.	施元兰
	8. 地力补助 615元. 生态补助 237.15元. 救济济补 240元.	施元兰

12

帮 扶 成 效

时间	成 效 内 容	签字
	9. 村集体缴纳新农合200元, 养老保险100元。	施元兴
2020年	1. 猕猴桃产业分红1500元.	施元兴
	2. 了解新冠肺炎相关知识.	施元兴
	3. 低保标准由178元调至180元.	施元兴
	4. 村集体统一购买新农合110元, 财政兜底110元. 养老保险100元.	施元兴
	5. 享受教育补贴1000元/2人.	施元兴
	6. 产业带动1人.	施元兴

注释：

①湖南省农村扶贫对象申请审批表中的住房面积130平方米，是户主申请时填报有误，实际面积为120平方米。

②石拔哑家2014年被评为低保户。

③⑤⑥2016年开始，十八洞村建档立卡户家庭的学生享受教育补贴，小学生补贴750元／（人·学期），中学生补贴1000元／（人·学期）。

④"读书收入"为笔误，实为"卖书收入"。2017年开始，石拔哑家设了一个卖书专柜。

⑦2018年5月起，旅游公司聘请石拔哑为旅游志愿者，给予1500元／月的补贴。

附件4

贫困户脱贫验收表

_户主姓名：施元兴_家庭人口：5人　身份证号码：43312419750301、╳╳╳

花垣　县市区　双龙　乡镇　十八洞　村　6　组　联系电话：13739001...

序号	脱贫指标	验 收 标 准	乡镇核实
1	家庭当年农民人均纯收入稳定超过国家脱贫标准	家庭当年农民人均纯收入稳定超过国家脱贫标准。计算方法：农民人均纯收入＝（总收入－家庭经营费用支出－税费支出－生产性固定资产折旧－农村内部亲友赠送）/农村居民家庭常住人口。	人均纯收入 3091 元。 达标☑ 未达标□ （原因：_____）。
2	不愁吃	家庭成员常年食品支出由家庭自主保障或国家保障,饮水安全达标。	达标☑ 未达标□ （原因：_____）。
3	不愁穿	家庭成员常年服装支出由家庭自主保障或国家保障。	达标☑，　未达标□ （原因：_____）。
4	基本医疗保障	家庭成员均参加城乡居民基本医疗保险,并享受其他医疗保障政策。	达标☑，　未达标□ （原因：_____）。
5	义务教育保障	适龄未成年人均能接受义务教育，没有因贫辍学的现象（因重度残疾、精神病或重大疾病等原因不能正常上学的除外），家庭成员享受其他相应教育扶贫政策。	达标☑，　未达标□ （原因：_____）。
6	住房安全保障	房屋场地安全，结构安全，满足正常使用要求和抗震要求，人均建筑面积不低于 13 平米(用于服务储藏、农具放置等辅助用房不计入面积控制要求)。属于易地扶贫搬迁的贫困户，按省发改委、省住建厅确认的搬迁安置房相关标准执行。	达标☑，　未达标□ （原因：_____）。
7	村民主评议意见	经村民小组推荐，村"两委"组织村民代表评议小组评议，拟确定该户为脱贫户。 评议组长签名（盖章）：（签名）　　村委会（盖章） 2016年 11月22日	
8	农户确认	经过自身努力和各界帮扶，本户已达到脱贫标准，现自愿退出贫困户序列。 户主签名：施元兴（签名）　　2016年 11月23日	
9	乡镇核实（初步验收）意见	经乡镇核实（初步验收），该户达到脱贫标准。 验收核实人（签字）：（签名）　　2016年 11月31日	

说明：1.此表一式3份，村委会、乡镇人民政府、县市区扶贫办各存1份。

2.村级评议组长签名（盖章）中的"评议组长"，指由群众评选或村"两委"指定的评议会议主要负责人。

3."农户确认"一栏原则上由户主本人或者由18岁以上家庭主要成员签名，并按手印。

39

现在日子真是越过越有味

施吉文、石拔哑家是习近平总书记来十八洞村走访的"第一家"，总书记亲切地称石拔哑为"大姐"。

石拔哑出生于1950年，老伴施吉文出生于1938年，两个女儿均已成家，小女儿施元兴婚后留在十八洞村，以方便照顾二老。2016年底，施吉文过世。

当年，石拔哑家是村里典型的贫困户，家里有效灌溉的水田只有一亩，且严重缺乏劳动力。家中除了一盏节能灯，没有其他电器。

2014年初，通过精准识别，石拔哑家被确认为建档立卡户，扶贫工作队和村两委根据实际情况，将她家评为兜底保障户，每人每月补贴178元。村里统一改厨改厕，石拔哑家厨房修好了，有了干净的冲水厕所。家里添了电饭煲、电视机、电冰箱。堂屋墙上挂着总书记和她坐在火塘边聊家常的照片。

村里发展乡村旅游，石拔哑家成为游客的"网红"打卡地。旅游公司与她签约，让她在家中接待游客，讲述总书记的亲民爱民故事。石拔哑成了十八洞村乡村旅游志愿者，旅游公司每月固定给她补贴1500元。她家设了个书柜，专门销售《习近平谈治国理政》以及与十八洞村精准扶贫相关的图书。

2019年，石拔哑在北京参加了庆祝中华人民共和国成立70周年大会，看到了天安门，逛了北京城，回来后她便把当时拍的照片挂在家中墙壁上。

上图：2014 年 3 月石拔哑家
下图：2020 年 5 月石拔哑家

石拔哑心声

以前，我出门最远到的是乡镇的集市，年年辛劳还是穷。托总书记的福，我们不再过苦日子了，我还出了远门，到了北京。现在日子真是越过越有味。

经营农家乐

十八洞村乡村旅游的发展，促使村里很多年轻人结束打工生涯，回到家乡发展。2014 年以前，村里有 2/3 的人外出务工，现在陆续回来了 300 多人。

回归的村民中，不少人办起了农家乐。截至 2020 年 9 月，十八洞村村民共开设农家乐 15 家，可供 1600 人同时就餐；具备住宿条件的农家乐有 8 家 66 个床位。十八洞村"吃、住、玩、学"旅游一体化建设初具规模。

经营农家乐

198	2014	1	
档案	永久	3	85

1

湖南省农村扶贫对象

档

案

户主姓名：杨超文

花垣 县（市、区） 排碧 乡镇 十八洞 村

申请日期：2014 年 3 月 4 日

户主姓名：杨超文

湖南省农村扶贫对象申请审批表

十八洞 村委会：

　　本人姓名 杨超文 性别 男 年龄 40 家庭人口 5 人（其中有劳动能力的 2 人），现为 4 组居民，有住房面积 130 平方米，房屋结构为 木房 。承包责任田 1.2 亩，责任山 14.4 亩，责任土 22 亩。家庭主要收入来源是 务农 ，上年度大致收入 10000 元。

　　因 缺资金、缺劳力 原因家庭困难，特申请农村扶贫对象户待遇。

申请人签字：杨超文

2014年 3 月 4 日

审批意见	村评议小组评议情况	根据 杨超文 户的申请，我们于 2014 年 2 月 21 日对申请户进行民主了评议，参加评议人数 28 人，该申请户得到同意票 14 张，得票排位第 9 名。 评议小组组长签字： 2014年 3 月 21 日	村委会评议意见	经调查并公示，该户符合扶贫对象相关条件，同意申报农村扶贫对象户。 负责人签字：施忠兰 2014 年 8 月 5 日（公章）
	乡镇审核意见	经核实，同意申报该户为农村扶贫对象户。 负责人签字：吴和兵 2014 年 8 月 26 日（公章）	县扶贫办复核意见	经复核，同意申报该户为农村扶贫对象户。 负责人签字：张秀山 2014 年 9 月 6 日（公章）
	县政府审批意见	经审查，同意该户享受农村扶贫对象户待遇。 2014年 9 月 29 日（公章）		

备注：要求准确表述本户致贫原因，不能笼统填缺钱、缺技术。

附件3

2014 年度人均收入计算表

贫困户签字（或盖章、按手印）：杨忠公　　　填写人：田丹

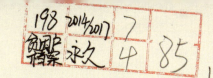

	类　　别	金额（元）	备　注
家庭总收入	工资性收入（打工、零工收入等）	12000	
	经营性收入（种养业、林业、二三产业等）	1500	
	财产性收入（利息收入、分红收入、土地流转收入等）	0	
	转移性收入（现金、养老金、政策性生产生活补贴、城乡亲友支付的赡养费等）	2115	
	小计	15615	
家庭总支出	家庭经营费用支出　农业生产支出	700	
	林业生产支出	0	
	养殖业生产支出	0	
	其他生产支出	0	
	生产税费支出	0	
	生产性固定资产折旧	0	
	小计	700	
人口数　5	贫困户家庭人均纯收入	2983	

47

附件3

<u>2015</u> 年度人均收入计算表

贫困户签字（或盖章、按手印）：勾起公　　　填写人：杨文银

	类　别	金额（元）	备　注
家庭总收入	工资性收入（打工、零工收入等）	15000	
	经营性收入（种养业、林业、二三产业等）	3000	
	财产性收入（利息收入、分红收入、土地流转收入等）	0	
	转移性收入（现金、养老金、政策性生产生活补贴、城乡亲友支付的赡养费等）	3015	
	小计	21015	
家庭总支出	家庭经营费用支出	农业生产支出	800	
		林业生产支出	0	
		养殖业生产支出	600	
		其他生产支出	0	
	生产税费支出		0	
	生产性固定资产折旧		0	
	小计		800	
人口数	5	贫困户家庭人均纯收入	3369	

附件3

<u>2016</u> 年度人均收入计算表

贫困户签字（或盖章、按手印）：杨志文　　　填写人：陈建平

	类　别	金额（元）	备　注
家庭总收入	工资性收入（打工、零工收入等）	20000	
	经营性收入（种养业、林业、二三产业等）	8050	
	财产性收入（利息收入、分红收入、土地流转收入等）	0	
	转移性收入（现金、养老金、政策性生产生活补贴、城乡亲友支付的赡养费等）	3135	
	小计	31185	

		类别	金额（元）	备注
家庭总支出	家庭经营费用支出	农业生产支出	1100	
		林业生产支出	0	
		养殖业生产支出	0	
		其他生产支出	0	
	生产税费支出		0	
	生产性固定资产折旧		0	
	小计		1100	
人口数	5	贫困户家庭人均纯收入	6017	

49

附件3

2017 年度人均收入计算表

贫困户签字（或盖章、按手印）：杨 XX   填写人：XXX

类 别			金额（元）	备 注
家庭总收入	工资性收入（打工、零工收入等）		0	
	经营性收入（种养业、林业、二三产业等）		58400	
	财产性收入（利息收入、分红收入、土地流转收入等）		5000	
	转移性收入（现金、养老金、政策性生产生活补贴、城乡亲友支付的赡养费等）		5735	
	小计		69135	
家庭总支出	家庭经营费用支出	农业生产支出	0	
		林业生产支出	0	
		养殖业生产支出	0	
		其他生产支出	12000	
	生产税费支出		0	
	生产性固定资产折旧		0	
	小计		12000	
人口数	5	贫困户家庭人均纯收入	11427	

50

2018年贫困户收入计算表

户主姓名：杨超之　　家庭地址：双龙 乡（镇）十八沟 村 四 组　　　　单位：人、元

序号	项目名称	计算方法及组成部分	数值
1	农民人均纯收入	农民人均纯收入＝（家庭总收入－家庭经营费用支出－税费支出－生产性固定资产折旧）/农村居民家庭人口。保留整数。1=（3-19-22-23）/2	~~12198~~ 11798
2	一、农村居民家庭人口		5
3	二、家庭总收入	家庭总收入＝工资性收入＋经营性收入＋财产性收入＋转移性收入，即：3=4+5+6+9	60990
4	（一）工资性收入	外出务工的所有工资收入，按务工月数*月均工资*人数。	
5	（二）经营性收入	主要指农户以家庭为生产经营单位，通过生产经营活动取得的收入。分为农业、林业、牧业、渔业、工业、建筑业以及第三产业	50000
6	（三）财产性收入	家庭拥有的动产（如银行存款、有价证券）和不动产（如房屋、车辆、收藏品等）所获得的收入。6=7+8	6000
7	1.各种经济组织分红	村集体、合伙企业、各种专业合作社对农户的分红。	6000
8	2.土地流转收入	把田土出租给其他个人或经济组织获得租金。	
9	（四）转移性收入	是指国家、帮扶单位、社会团体对贫困户的补助补贴。9=10+11+12+13+14+15+16+17+18	4990
10	1.计划生育金	实行计划生育的独生子女父母、两女户的奖励。	
11	2.生态补偿金	护林员、退耕还林、生态公益林、荒山造林等相关补助	470
12	3.教育助学补助	教育助学生活补助	3500
13	4.政策性生产补贴	粮食补贴、农资综合补贴、农机具补贴	
14	5.特困人员供养金	无劳动能力、无生活来源、无法定赡养扶养义务人、残疾人和未成年人	
15	6.赡养收入	子女按月或按年送给老人的生活费用	
16	7.养老金	年满60岁按月领取	1020
17	8.低保金	民政部门确定的低保户按月领取的低保补助	
18	9.其他		
19	三、家庭经营费用支出	各类生产经营活动成本性开支。19=20+21	2000
20	1.生产经营成本支出	购买种子、苗木、化肥、农药、畜禽种苗的成本	2000
21	2.生产经营雇工支出	请人插秧、打谷、采摘等开支。	
22	四、税费支出	向信用社或个人借贷款而需支付的利息等。	
23	五、生产性固定资产折旧	各种农机器具、大棚、烟叶烤棚等生产工具，每年消耗损失的费用。	

贫困户签名：杨超之　　调查人签名：　　　　时间：2018年 10月 30日

计算周期：上年10月1日至当年9月30日。

下列收入不列入贫困农户家庭纯收入的计算类别：社会救助、慰问金、扶贫慰问物资、危房改造补助、易地搬迁补助、一次性保险赔付、移民搬迁补助、一次性抚恤金等。

附件 2-2:

2019 年贫困户收入计算表

户主姓名：杨超文　　家庭地址：双龙乡（镇）十八洞村 4 组　　　　单位：人、元

序号	项目名称	计算方法及组成部分	数值
1	农民人均纯收入	农民人均纯收入＝（家庭总收入－家庭经营费用支出－税费支出－生产性固定资产折旧）/农村居民家庭人口。保留整数。1=（3-19-22-23）/2	17244
2	一、农村居民家庭人口		4
3	二、家庭总收入	家庭总收入 = 工资性收入 + 经营性收入 + 财产性收入 + 转移性收入，即：3=4+5+6+9	71077
4	（一）工资性收入	外出务工的所有工资收入，按务工月数*月均工资*人数。	0
5	（二）经营性收入	主要指农户以家庭为生产经营单位，通过生产经营活动取得的收入。分为农业、林业、牧业、渔业、工业、建筑业以及第三产业	55000
6	（三）财产性收入	家庭拥有的动产（如银行存款、有价证券）和不动产（如房屋、车辆、收藏品等）所获得的收入。6=7+8	11150
7	1.各种经济组织分红	村集体、合伙企业、各种专业合作社对农户的分红。	7200
8	2.土地流转收入	把田土出租给其他个人或经济组织获得租金。	3950
9	（四）转移性收入	是指国家、帮扶单位、社会团体对贫困户的补助补贴。9=10+11+12+13+14+15+16+17+18	4927
10	1.计划生育金	实行计划生育的独生子女父母、两女户的奖励。	0
11	2.生态补偿金	护林员、退耕还林、生态公益林、荒山造林等相关补助	0
12	3.教育助学补助	教育助学生活补助	4000
13	4.政策性生产补贴	粮食补贴、农资综合补贴、农机具补贴	0
14	5.特困人员供养金	无劳动能力、无生活来源、无法定赡养扶养义务人、残疾人和未成年人	0
15	6.赡养收入	子女按月或按年送给老人的生活费用	0
16	7.养老金	年满60岁按月领取	927
17	8.低保金	民政部门确定的低保户按月领取的低保补助	0
18	9.其他		0
19	三、家庭经营费用支出	各类生产经营活动成本性开支。19=20+21	2100
20	1.生产经营成本支出	购买种子、苗木、化肥、农药、畜禽种苗的成本	2100
21	2.生产经营雇工支出	请人插秧、打谷、采摘等开支。	0
22	四、税费支出	向信用社或个人借贷款而需支付的利息等。	0
23	五、生产性固定资产折旧	各种农机器具、大棚、烟叶烤棚等生产工具，每年消耗损失的费用。	0

贫困户签名：杨超文　　调查人签名：刘国明　　时间：2019 年 10 月 1 日

计算周期：2018 年 10 月 1 日-2019 年 9 月 30 日。
　　下列收入不列入贫困农户家庭纯收入的计算类别：社会救助、慰问金、扶贫慰问物资、危房改造补助、易地搬迁补助、一次性保险赔付、移民搬迁补助、一次性抚恤金等。

52

注释：

　　杨超文家于 2014 年脱贫，当年人均纯收入 2983 元。

　　从人均收入计算表可以看出，杨超文家 2016 年经营性收入有了较大提升，比上年增加 5050 元。这一年，杨超文二度回家创业，经营农家乐。2017 年，夫妻俩不再外出打工，一心在家经营农家乐，经营性收入比 2014 年增加 56900 元。

附件5

花垣 县市区 2014、2015 年度已脱贫户复核表

户主姓名： 杨超文　　家庭人口：　　5 人　　　身份证号码 ： 43312419740619____
排碧　乡镇　　十八洞　村　　4　组　　　　　　　联系电话： 15576971____

序号	脱贫指标	验 收 标 准	乡镇核实
1	家庭当年农民人均纯收入稳定超过国家脱贫标准	家庭当年农民人均纯收入稳定超过国家脱贫标准。计算方法：农民人均纯收入＝（总收入－家庭经营费用支出－税费支出－生产性固定资产折旧－农村内部亲友赠送）/农村居民家庭常住人口。	人均纯收入 6017 元。 达标☑　　未达标□ （原因：_____）。
2	不愁吃	家庭成员常年食品支出由家庭自主保障或国家保障,饮水安全达标。	达标☑ 未达标□ （原因：_____）。
3	不愁穿	家庭成员常年服装支出由家庭自主保障或国家保障。	达标☑，　　未达标□ （原因：_____）。
4	基本医疗保障	家庭成员均参加城乡居民基本医疗保险,并享受其他医疗保障政策。	达标☑，　　未达标□ （原因：_____）。
5	义务教育保障	适龄未成年人均能接受义务教育，没有因贫辍学的现象（因重度残疾、精神病或重大疾病等原因不能正常上学的除外），家庭成员享受其他相应教育扶贫政策。	达标☑，　　未达标□ （原因：_____）。
6	住房安全保障	房屋场地安全，结构安全，满足正常使用要求和抗震要求，人均建筑面积不低于 13 平米(用于服务储藏、农具放置等辅助用房不计入面积控制要求)。属于易地扶贫搬迁的贫困户，按省发改委、省住建厅确认的搬迁安置房相关标准执行。	达标☑，　　未达标□ （原因：_____）。
7	乡镇复核意见	经复核，该户达到脱贫标准。： 复核人（签名）：　　　　　　　　　2017 年 7 月 20 日	
8	农户确认	本户已达到脱贫标准。 户主签名：　　　　　　　　　2017 年 7 月 20 日	
9	村级公示情况	该户已于 2017 年 7 月 22 日—29 日进行公示。公示无异议。 乡镇盖章	

说明：　1.此表一式 3 份，村委会、乡镇人民政府、县市区扶贫办各存 1 份。

54

我们老百姓在家里创业就有盼头

杨超文 1974 年出生，是梨子寨退休教师杨冬仕二哥的儿子。妻子龙琴妹出生于 1977 年。他们的两个儿子正在读中学。

　　上有老下有小，为赚钱养家，2008 年，两口子到浙江台州打工，一年回家一次，元宵节过后便外出，小孩留在家中由奶奶抚养。2013 年 11 月 3 日，习近平总书记考察调研十八洞村，他的叔叔杨冬仕在家门口见到了总书记，还与总书记握了手。眼看十八洞村日新月异，杨冬仕总是鼓励侄子回乡创业，还同意将梨子寨自家的房子借给他做经营场地。杨超文也觉得回乡创业的机会来了，但是妻子坚决不同意回乡，她不相信在家里创业能赚到钱。2014 年，杨超文抱着试试看的心态，回乡创办农家乐。那时，进村公路没有拓宽，游客不是很多，加之炒菜手艺不到家，农家乐开了一个月就倒闭了。

　　杨超文不得不再次出门打工，但是他的创业梦一直在心底。2016 年，看着村里旅游越做越好，游客越来越多，农家乐也开了一家又一家，他下定决心，再度回家。这次妻子将信将疑地一起回来，夫妻俩开起了"幸福人家"农家乐。其间，杨超文申请到 5 万元贴息贷款，置办齐全各种用具，还买了一辆三轮车，用来运菜。第二年他就还完了贷款。2019 年，杨超文在竹子寨开了一家分店，可一次性摆 70 桌，招待 700 多人。

　　当前，村里正在新修一条公路通往竹子寨，那边的游客将越来越多，寨子里的农家乐将发展得越来越好。

杨超文心声

> 乡村旅游让乡亲们尝到了脱贫致富的甜头。希望十八洞村的乡村旅游能长期红火下去,能留住更多客人。这样,我们老百姓在家里创业就有盼头。

198	2014	1	
贫困户档案	初②	3	109

湖南省农村扶贫对象

档

案

户主姓名：施老记

花垣 县（市、区） 排碧 乡镇 十八洞 村

申请日期：2014 年 3 月 4 日

户主姓名：施老记

湖南省农村扶贫对象申请审批表

__十八洞__ 村委会：

本人姓名 _施花记_ 性别 _男_ 年龄 _63_ 家庭人口 _6_ 人（其中有劳动能力的 _4_ 人），现为 _6_ 组居民，有住房面积 _120_ 平方米，房屋结构为 _木房_ 。承包责任田 _4.32_ 亩，责任山 _15_ 亩，责任土 _0.68_ 亩。家庭主要收入来源是 _务农_ ，上年度大致收入 _12050_ 元。

因 _学_ 原因家庭困难，特申请农村扶贫对象户待遇。

申请人签字： _施老记_

_2014_ 年 _3_ 月 _4_ 日

审批意见	村评议小组评议情况	根据 _施老记_ 户的申请，我们于 _2014_ 年 _2_ 月 _21_ 日对申请户进行民主了评议，参加评议人数 _28_ 人，该申请户得到同意票 _17_ 张，得票排位第 _6_ 名。 评议小组组长签字： _(签名)_ 2014 年 _2_ 月 _21_ 日	村委会评议意见	经调查并公示，该户符合扶贫对象相关条件，同意申报农村扶贫对象户。 负责人签字： _施进文_ _2014_ 年 _8_ 月 _5_ 日（公章）
	乡镇审核意见	经核实，同意申报该户为农村扶贫对象户。 负责人签字： _(签名)_ 2014 年 _8_ 月 _28_ 日（公章）	县扶贫办复核意见	经复核，同意申报该户为农村扶贫对象户。 负责人签字： _(签名)_ _2014_ 年 _9_ 月 _6_ 日（公章）
	县政府审批意见	经审查，同意该户享受农村扶贫对象户待遇。 2014 年 _9_ 月 _29_ 日（公章）		

备注：要求准确表述本户致贫原因，不能笼统填缺钱、缺技术。

2015 年度人均纯收入计算表

贫困户签字（或盖章、按手印）：__右色老记__填写人：__成玉银__

	类　别	金额（元）	备注
家庭总收入	工资性收入（打工、零工收入等）	20000	
	经营性收入（种养业、林业、二三产业等）	9500	
	财产性收入（利息收入、分红收入、土地流转收入等）	0	
	转移性收入（现金、养老金、政策性生产生活补贴、城乡亲友支付的赡养费等）	3077	
	小计	32577	
家庭总支出	家庭经营费用支出 — 农业生产支出	1400	
	家庭经营费用支出 — 林业生产支出	0	
	家庭经营费用支出 — 养殖业生产支出	400	
	家庭经营费用支出 — 其他生产支出	0	
	生产税费支出	0	
	生产性固定资产折旧	0	
	小计	1800	
贫困户家庭人均纯收入		5130	

计算周期：上年 10 月 1 日至当年 9 月 30 日。

计算方法：贫困户家庭人均纯收入＝（家庭总收入－家庭经营费用支出－税费支出－生产性固定资产折旧）÷贫困户家庭建档立卡人口数。

下列收入不列入贫困农户家庭纯收入的计算类别：社会救助（包括低保补助、受灾救助、医疗救助、教育救助、住房救助、就业救助、临时救助，其中特困人员供养除外）、慰问金、扶贫慰问物资、危房改造补助、易地搬迁补助、一次性保险赔付、移民搬迁补助、一次性抚恤金等。

2018年贫困户收入计算表

户主姓名 施老记   家庭地址：___县(镇)___村 6 组   单位：人、元

序号	项目名称	计算方法及组成部分	数值
1	农民人均纯收入	农民人均纯收入=（家庭总收入－家庭经营费用支出－税费支出－生产性固定资产折旧）/农村居民家庭人口。保留整数。 1=（3-19 22-23）/2	10938 (10937.59)
2	一、农村居民家庭人口		6
3	二、家庭总收入	家庭总收入＝工资性收入＋经营性收入＋财产性收入＋转移性收入，即：3=4+5+6+9	67625.55
4	（一）工资性收入	外出务工的所有工资收入，按务工月数*月均工资*人数。	20000
5	（二）经营性收入	主要指农户以家庭为生产经营单位，通过生产经营活动取得的收入。分为农业、林业、牧业、渔业、工业、建筑业以及第三产业。	35600
6	（三）财产性收入	家庭拥有的动产（如银行存款、有价证券）和不动产（如房屋、车辆、收藏品等）所获得的收入。6=7+8	7000
7	1.各种经济组织分红	村集体、合伙企业、各种专业合作社对农户的分红。	7000
8	2.土地流转收入	把田土出租给其他个人或经济组织获得租金。	
9	（四）转移性收入	是指国家、帮扶单位、社会团体对贫困户的补助补贴。 9=10+11+12+13+14+15+16+17+18	5025.55
10	1.计划生育金	实行计划生育的独生子女父母、两女户的奖励。	
11	2.生态补偿金	护林员、退耕还林、生态公益林、荒山造林等相关补助	1415.55
12	3.教育助学补助	教育助学生活补助	1570
13	4.政策性生产补贴	粮食补贴、农资综合补贴、农机具补贴	
14	5.特困人员供养金	无劳动能力、无生活来源、无法定赡养扶养义务人、残疾人和未成年人	
15	6.赡养收入	子女按月或按年送给老人的生活费用	
16	7.养老金	年满60岁按月领取	2040
17	8.低保金	民政部门确定的低保户按月领取的低保补助	
18	9.其他		
19	三、家庭经营费用支出	各类生产经营活动成本性开支. 19=20+21	2000
20	1.生产经营成本支出	购买种子、苗木、化肥、农药、畜禽种苗的成本	
21	2.生产经营雇工支出	请人插秧、打谷、采摘等开支。	
22	二、税费支出	向信用社或个人借贷款而需支付的利息等。	
23	三、生产性固定资产折旧	各种农机器具、大棚、烟叶烤棚等生产工具，每年消耗损失的费用。	

贫困户签名： 施老记   调查人签名： 于永明   时间：2018年 10 月 30 日

注：生产期：上年10月1日至当年9月30日。

下列收入不列入贫困农户家庭纯收入的计算类别：社会救助、慰问金、扶贫慰问物资、危房改造补助、易地搬迁补助、一次性保金赔付、移民搬迁补助、一次性抚恤金等。

2019年贫困户收入计算表

户主姓名：施老记　　家庭地址：双龙 乡（镇）十八洞 村　6 组　　　　单位：人、元

序号	项目名称	计算方法及组成部分	数值
1	农民人均纯收入	农民人均纯收入＝（家庭总收入－家庭经营费用支出－税费支出－生产性固定资产折旧）/农村居民家庭人口。保留整数。1=（3-19-22-23）/2	~~7340.58~~ 7173
2	一、农村居民家庭人口		
3	二、家庭总收入	家庭总收入 = 工资性收入 + 经营性收入 + 财产性收入 + 转移性收入，即：3=4+5+6+9	~~25000~~ 44043
4	（一）工资性收入	外出务工、公益性岗位工资收入，按务工月数*月均工资*人数。	0
5	（二）经营性收入	主要指农户以家庭为生产经营单位，通过生产经营活动取得的收入。分为农业、林业、牧业、渔业、工业、建筑业以及第三产业	25000
6	（三）财产性收入	家庭拥有的动产（如银行存款、有价证券）和不动产（如房屋、车辆、收藏品等）所获得的收入。6=7+8	~~14314~~
7	1.各种经济组织分红	村集体、合伙企业、各种专业合作社对农户的分红。	8400
8	2.土地流转收入	把田土出租给其他个人或经济组织获得租金。	5914
9	（四）转移性收入	是指国家、帮扶单位、社会团体对贫困户的补助补贴。9=10+11+12+13+14+15+16+17+18	4729.5
10	1.计划生育金	实行计划生育的独生子女父母、两女户的奖励。	0
11	2.生态补偿金	退耕还林、生态公益林、荒山造林等相关补助	~~~~ 232.5
12	3.教育助学补助	教育助学生活补助	1500
13	4.政策性生产补贴	粮食补贴、农资综合补贴、农机具补贴	525
14	5.特困人员供养金	无劳动能力、无生活来源、无法定赡养扶养义务人、残疾人和未成年人	0
15	6.赡养收入	子女按月或按年送给老人的生活费用	0
16	7.养老金	年满60岁按月领取	2472
17	8.低保金	民政部门确定的低保户按月领取的低保补助	0
18	9.其他		0
19	三、家庭经营费用支出	各类生产经营活动成本性开支。19=20+21	1000
20	1.生产经营成本支出	购买种子、苗木、化肥、农药、畜禽种苗的成本	1000
21	2.生产经营雇工支出	请人插秧、打谷、采摘等开支。	0
22	四、税费支出	向信用社或个人借贷款而需支付的利息等。	0
23	五、生产性固定资产折旧	各种农机器具、大棚、烟叶烤棚等生产工具，每年消耗损失的费用。	0

贫困户签名：施老记　　调查人签名：龙志刚　　时间：2019年 10 月 11 日

计算周期：2018年10月1日至2019年9月30日。

下列收入不列入贫困农户家庭纯收入的计算类别：社会救助、慰问金、扶贫慰问物资、危房改造补助、易地搬迁补助、一次性保险赔付、移民搬迁补助、一次性抚恤金等。

注释：

施老记家于 2015 年脱贫，当年人均纯收入为 5130 元。2018 年下半年，施老记二女儿施兰珍、二女婿杨正邦都不再外出打工，两口子在家开办农家乐，当年经营性收入达到 35600 元。2019 年，全家不再有工资性收入。因建新的吊脚楼，2019 年经营性收入有所减少，为 25000 元。

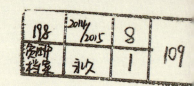

附件5

花垣 县市区 2014、2015 年度已脱贫户复核表

户主姓名： 施老记　家庭人口： 7 人　　身份证号码： 43312419510404〇〇〇〇

双龙 乡镇　 十八洞 村　6 组　　　联系电话： 13762151〇〇

序号	脱贫指标	验 收 标 准	乡 镇 核 实
1	家庭当年农民人均纯收入稳定超过国家脱贫标准	家庭当年农民人均纯收入稳定超过国家脱贫标准。计算方法：农民人均纯收入＝（总收入－家庭经营费用支出－税费支出－生产性固定资产折旧－农村内部亲友赠送）/农村居民家庭常住人口。	人均纯收入 5214 元。 达标☑　　未达标□ （原因：＿＿＿＿）。
2	不愁吃	家庭成员常年食品支出由家庭自主保障或国家保障,饮水安全达标。	达标☑ 未达标□ （原因：＿＿＿）。
3	不愁穿	家庭成员常年服装支出由家庭自主保障或国家保障。	达标☑,　　未达标□ （原因：＿＿＿）。
4	基本医疗保障	家庭成员均参加城乡居民基本医疗保险,并享受其他医疗保障政策。	达标☑,　　未达标□ （原因：＿＿＿）。
5	义务教育保障	适龄未成年人均能接受义务教育，没有因贫辍学的现象（因重度残疾、精神病或重大疾病等原因不能正常上学的除外），家庭成员享受其他相应教育扶贫政策。	达标☑,　　未达标□ （原因：＿＿＿）。
6	住房安全保障	房屋场地安全，结构安全，满足正常使用要求和抗震要求，人均建筑面积不低于 13 平米(用于服务储藏、农具放置等辅助用房不计入面积控制要求)。属于易地扶贫搬迁的贫困户，按省发改委、省住建厅确认的搬迁安置房相关标准执行。	达标☑,　　未达标□ （原因：＿＿＿）。
7	乡镇复核意见	经复核，该户达到脱贫标准。： 复核人（签名）：　　　　　　　　　　　　2017 年 7 月 20 日	
8	农户确认	本户已达到脱贫标准。 户主签名：　　　　　　　　　　　　2017 年 7 月 20 日	
9	村级公示情况	该户已于 2017 年 7 月 2日—29 日进行公示，公示无异议。 　　　　　　　　　　　　　　　乡镇盖章	

62151938

说明： 1.此表一式3份，村委会、乡镇人民政府、县市区扶贫办各存1份。

64

现在生活挺好的

施老记出生于 1951 年，在已知的家族历史中，祖辈都住在十八洞村梨子寨。他的父亲有三兄弟，其中两个留在梨子寨，一个迁居竹子寨。现有 5 代以内的堂兄弟 14 个，其中梨子寨 9 个，竹子寨 5 个。

施老记育有 3 个女儿，她们均已成家。二女儿施兰珍出生于 1980 年，嫁给本寨的杨正邦，婚后居家继承家业。杨正邦出生于 1978 年。两人于 2007 年结婚，育有一儿一女。

20 世纪 80 年代初，施老记在家养牛、养羊、养猪，供女儿们上学，勉强维持家计，后去吉首打零工。老伴龙秀英在家务农，同时养了两头猪、一头牛。家里田地少，养殖赚不了多少钱。二女儿二女婿婚后均去了浙江宁波打工，两个孩子带在身边，一家人除掉花销，年人均收入在贫困线上下徘徊。

2013 年 11 月 3 日，习近平总书记在十八洞村和村民们座谈，施老记带着 5 岁多的孙女参加。村旅游发展渐成风气，施老记多次在电话中劝说女儿女婿抓住机遇回乡创业。2015 年 4 月底，施兰珍带着即将入小学一年级就读的儿子回到梨子寨。回家后，她在梨子寨停车场边自家一块菜地上搭了一个小吃摊。不久，根据村旅游发展规划，小吃摊拆除了，所有摊子均规整到售货长廊里。

2018 年暑假，杨正邦带着即将上小学四年级的女儿回到家乡。女儿转到镇上就读，施兰珍和杨正邦在家里办起了农家乐。看着来十八洞村参观、旅游的人越来越多，两口子投入所有积蓄扩大规模，在老房子旁边建了新的吊脚楼。吊脚楼占地面积约 100 平方米，一楼架空做餐饮，二楼 4 间房，做民宿。2019 年 9 月，房屋建设完工，共投入约 50 万元（部分是自己家的积蓄，部分从亲戚家借款）。这年 10 月 1 日，他们的"十八洞阿雅民宿"开张营业，住宿 180 元/晚，餐饮 30 元、

40元或50元每人每餐，也可点餐。夫妻俩诚信经营，注重口碑。自开业以来，生意很红火，两口子干劲十足。2020年暑假期间，很多家庭带小孩来十八洞村旅游，住宿经常爆满。现在他们请婶娘（建档立卡户杨成的母亲）帮工，每月支付工资。

施老记家于2015年脱贫，2017年10月家里买了一辆八九万元的小汽车。2020年上半年还将旧居进行翻修，居住环境大大改善。

施兰珍心声

> 在外打工不是长久之计，以前在外老牵挂家里，老人打电话来说生病了，就无心工作，感觉压力很大。现在我们回家了，全家人在一起，虽然还没还清借款，还有压力，但觉得再大的困难都不算什么。现在生活挺好的。

1

198	2014	1	
贫困户档案	秋	3	121

湖南省农村扶贫对象

档

案

户主姓名：杨秀富

花垣 县（市、区）排碧 乡镇 十八洞 村

申请日期：2014 年 3 月 4 日

户主姓名：杨秀富

湖南省农村扶贫对象申请审批表

__十八洞__ 村委会：

　　本人姓名__杨秀富__ 性别__男__ 年龄__61__ 家庭人口__4__ 人（其中有劳动能力的__1__人），现为__6__组居民，有住房面积__100__ 平方米，房屋结构为__木房__。承包责任田__3.09__亩，责任山__12.6__亩，责任土__0.62__亩。家庭主要收入来源是__养殖__，上年度大致收入__6500__元。

　　因_____残_____原因家庭困难，特申请农村扶贫对象户待遇。

申请人签字：_杨秀富_

2014 年 3 月 4 日

审批意见	村评议小组评议情况	根据__杨秀富__户的申请，我们于_2014_年_2_月_21_日对申请户进行民主了评议，参加评议人数_28_人，该申请户得到同意票_16_张，得票排位第_15_名。 评议小组组长签字：_____ 2014 年 3 月 21 日	村委会评议意见	经调查并公示，该户符合扶贫对象相关条件，同意申报农村扶贫对象户。 负责人签字：施进兰 2014 年 8 月 5 日（公章）
	乡镇审核意见	经核实，同意申报该户为农村扶贫对象户。 负责人签字：吴向东 2014 年 8 月 28 日（公章）	县扶贫办复核意见	经复核，同意申报该户为农村扶贫对象户。 负责人签字：张珍 2014 年 9 月 6 日（公章）
	县政府审批意见	经审查，同意该户享受农村扶贫对象户待遇。 2014 年 9 月 29 日（公章）		

备注：要求准确表述本户致贫原因，不能笼统填缺钱、缺技术。

2015 年度人均纯收入计算表

贫困户签字（或盖章、按手印）：施秀堂　　填写人：代正银

类　别		金额（元）	备注
家庭总收入	工资性收入（打工、零工收入等）	8000	
	经营性收入（种养业、林业、二三产业等）	8500	
	财产性收入（利息收入、分红收入、土地流转收入等）	0	
	转移性收入（现金、养老金、政策性生产生活补贴、城乡亲友支付的赡养费等）	2573	
	小计	19073	
家庭总支出	家庭经营费用支出	农业生产支出	500	
		林业生产支出	0	
		养殖业生产支出	1000	
		其他生产支出	0	
	生产税费支出	0	
	生产性固定资产折旧	0	
	小计	1500	
贫困户家庭人均纯收入		4393	

计算周期：上年10月1日至当年9月30日。

计算方法：贫困户家庭人均纯收入＝（家庭总收入－家庭经营费用支出－税费支出－生产性固定资产折旧）÷贫困户家庭建档立卡人口数。

下列收入不列入贫困农户家庭纯收入的计算类别：社会救助（包括低保补助、受灾救助、医疗救助、教育救助、住房救助、就业救助、临时救助，其中特困人员供养除外）、慰问金、扶贫慰问物资、危房改造补助、易地搬迁补助、一次性保险赔付、移民搬迁补助、一次性抚恤金等。

2016 年度人均纯收入计算表

贫困户签字（或盖章、按手印）： *（签名）*　　填写人： *（签名）*

类　别		金额（元）	备注
家庭总收入	工资性收入（打工、零工收入等）	9000	
	经营性收入（种养业、林业、二三产业等）	14050	
	财产性收入（利息收入、分红收入、土地流转收入等）	0	
	转移性收入（现金、养老金、政策性生产生活补贴、城乡亲友支付的赡养费等）	2693	
	小计	25743	
家庭总支出	家庭经营费用支出	农业生产支出	0	
		林业生产支出	0	
		养殖业生产支出	1000	
		其他生产支出	2000	
	生产税费支出	0	
	生产性固定资产折旧	0	
	小计	3000	
贫困户家庭人均纯收入		5686	

　　计算周期：上年 10 月 1 日至当年 9 月 30 日。

　　计算方法：贫困户家庭人均纯收入＝（家庭总收入－家庭经营费用支出－税费支出－生产性固定资产折旧）÷贫困户家庭建档立卡人口数。

　　下列收入不列入贫困农户家庭纯收入的计算类别：社会救助(包括低保补助、受灾救助、医疗救助、教育救助、住房救助、就业救助、临时救助,其中特困人员供养除外)、慰问金、扶贫慰问物资、危房改造补助、易地搬迁补助、一次性保险赔付、移民搬迁补助、一次性抚恤金等。

2018年贫困户收入计算表

户主姓名：杨朝高　家庭地址：打校镇 十八洞村 6 组　　　　单位：人、元

序号	项目名称	计算方法及组成部分	数值
1	农民人均纯收入	农民人均纯收入＝（家庭总收入－家庭经营费用支出－税费支出－生产性固定资产折旧）/农村居民家庭人口。保留整数。1=（3-19-22-23）/2	34872.43
2	一、农村居民家庭人口		3人
3	二、家庭总收入	家庭总收入 = 工资性收入 + 经营性收入 + 财产性收入 + 转移性收入，即：3=4+5+6+9	104617.3
4	（一）工资性收入	外出务工的所有工资收入，按务工月数*月均工资*人数。	50000
5	（二）经营性收入	主要指农户以家庭为生产经营单位，通过生产经营活动取得的收入。分为农业、林业、牧业、渔业、工业、建筑业以及第三产业	50000
6	（三）财产性收入	家庭拥有的动产（如银行存款、有价证券）和不动产（如房屋、车辆、收藏品等）所获得的收入。6=7+8	4000
7	1.各种经济组织分红	村集体、合伙企业、各种专业合作社对农户的分红。	4000
8	2.土地流转收入	把田土出租给其他个人或经济组织获得租金。	
9	（四）转移性收入	是指国家、帮扶单位、社会团体对贫困户的补助补贴。9=10+11+12+13+14+15+16+17+18	3617.5
10	1.计划生育金	实行计划生育的独生子女父母、两女户的奖励。	
11	2.生态补偿金	护林员、退耕还林、生态公益林、荒山造林等相关补助	897.3
12	3.教育助学补助	教育助学生活补助	
13	4.政策性生产补贴	粮食补贴、农资综合补贴、农机具补贴	
14	5.特困人员供养金	无劳动能力、无生活来源、无法定赡养扶养义务人、残疾人和未成年人	
15	6.赡养收入	子女按月或按年送给老人的生活费用	
16	7.养老金	年满60岁按月领取	2720
17	8.低保金	民政部门确定的低保户按月领取的低保补助	
18	9.其他		
19	三、家庭经营费用支出	各类生产经营活动成本性开支。19=20+21	3000
20	1.生产经营成本支出	购买种子、苗木、化肥、农药、畜禽种苗的成本	
21	2.生产经营雇工支出	请人插秧、打谷、采摘等开支。	
22	四、税费支出	向信用社或个人借贷款而需支付的利息等。	0
23	五、生产性固定资产折旧	各种农机器具、大棚、烟叶烤棚等生产工具，每年消耗损失的费用	0

贫困户签名：杨朝儒　调查人签名：杨文峰　　时间：2018年 10 月 30 日

计算周期：上年10月1日至当年9月30日。

下列收入不列入贫困农户家庭纯收入的计算类别：社会救助、慰问金、扶贫慰问物资、危房改造补助、易地搬迁补助、一次性保险赔付、移民搬迁补助、一次性抚恤金等。

注释：

　　杨秀富家于2015年脱贫，当年人均纯收入为4393元。2015年，杨秀富两口子在家开办农家乐，当年经营性收入为8500元，2016年提升至14050元，2018年达到50000元。

　　杨秀富儿子2017年大学毕业参加工作，2018年家中工资性收入提升至50000元。

198	2014/2015	8	121
贫困户档案	永久	1	

花垣 县市区 2014、2015 年度已脱贫户复核表

户主姓名：杨秀富　家庭人口：　4　人　　身份证号码：43312419531106……

双龙 乡镇　十八洞　村　六　组　　　联系电话：15974319……

序号	脱贫指标	验 收 标 准	乡镇核实
1	家庭当年农民人均纯收入稳定超过国家脱贫标准	家庭当年农民人均纯收入稳定超过国家脱贫标准。计算方法：农民人均纯收入＝(总收入－家庭经营费用支出－税费支出－生产性固定资产折旧－农村内部亲友赠送)/农村居民家庭常住人口。	人均纯收入 5686 元。 达标☑　未达标□ (原因：＿＿＿＿)。
2	不愁吃	家庭成员常年食品支出由家庭自主保障或国家保障,饮水安全达标。	达标☑ 未达标□ (原因：＿＿＿)。
3	不愁穿	家庭成员常年服装支出由家庭自主保障或国家保障。	达标☑，　未达标□ (原因：＿＿＿)。
4	基本医疗保障	家庭成员均参加城乡居民基本医疗保险,并享受其他医疗保障政策。	达标☑，　未达标□ (原因：＿＿＿)。
5	义务教育保障	适龄未成年人均能接受义务教育，没有因贫辍学的现象(因重度残疾、精神病或重大疾病等原因不能正常上学的除外)，家庭成员享受其他相应教育扶贫政策。	达标☑，　未达标□ (原因：＿＿＿)。
6	住房安全保障	房屋场地安全，结构安全，满足正常使用要求和抗震要求，人均建筑面积不低于 13 平米(用于服务储藏、农具放置等辅助用房不计入面积控制要求)。属于易地扶贫搬迁的贫困户，按省发改委、省住建厅确认的搬迁安置房相关标准执行。	达标☑，　未达标□ (原因：＿＿＿)。
7	乡镇复核意见	经复核，该户达到脱贫标准。： 复核人（签名）：　　　　　　　　　　2017 年 7 月 20 日	
8	农户确认	本户已达到脱贫标准。 户主签名：　　　　　　　　　　2017 年 7 月 20 日	
9	村级公示情况	该户已于 2017 年 7月22日—29 日进行公示，公示无异议。 　　　　　　　　　乡镇盖章	

说明：1.此表一式 3 份，村委会、乡镇人民政府、县市区扶贫办各存 1 份。

日子真的越来越好过

杨秀富出生于 1953 年，妻子龙拔二出生于 1955 年。夫妻俩育有三个女儿一个儿子。女儿均已出嫁。儿子杨英华 1993 年出生，2013 年考入华东师范大学学前教育专业，成为定向委培生，学费全免，只需生活费。2017 年毕业后，杨英华赴西藏，在拉萨市实验幼儿园从事幼教工作。2018 年，他考取了华东师范大学学前教育专业非全日制硕士研究生，平时上网课，暑假到上海参加面授学习，工作学业，齐头并进。

　　以前，杨秀富两口子一直在家务农，除了种稻谷、玉米等作物，还养羊、养猪，以赚取孩子们的学费。2013 年，杨秀富养羊、养猪有一两万元纯收入，除了给上大学的儿子一万多元生活费，其余勉强够家用。2014 年初，杨秀富家因学被评为建档立卡户。2016 年，村里优化环境、发展旅游业，两口子除了种一亩稻谷、一亩黄豆，便把主要精力放在经营农家乐上。

　　杨秀富家自 2015 年开始办农家乐。出于对远方儿子的思念，两口子将农家乐取名为"爱在拉萨"。村里旅游越做越好，游客越来越多，农家乐生意越来越红火，平均每年有五六万元进账。2018 年，杨秀富拆掉养猪、养羊的旧杂屋，改建为一栋两层新木房，扩大了农家乐规模，还投钱装修了阁楼，做起了民宿。他们家有 6 间客房，住宿收 128 元一晚。平时忙不过来时，杨秀富的大女儿和小女儿都会回来帮忙。

　　杨英华在拉萨工作稳定。父母经营农家乐，不像以前养猪、养羊一般辛苦，收入更是以前的几倍，他在外感觉很安心。每年过年，他都会回家。看到村里一年更比一年好，村里人早就摆脱贫穷，越来越富裕，他由衷地感到高兴。

杨秀富心声

　　2013 年以后，村里家家通了自来水，进出的路修宽敞了，用电也稳定了，日子真的越来越好过。我只希望儿子尽快谈个好对象，早点有个幸福的小家。

家门口就业

2014 年、2015 年，十八洞村的乡村旅游只是粗放式发展，游客们到了村里都是自发参观，没有讲解员，缺乏统一管理。

2016 年，扶贫工作队和村两委开始有计划地培养讲解员，由村委会原主任施进兰任培训导师。游客们到了村里，可在村部聘请义务讲解员。这一年 12 月，旅游公司成立，开始聘用少量讲解员、保洁员和保安。2017 年、2018 年，村里持续改善旅游设施。2019 年 5 月 1 日，旅游公司正式运营，为村里提供的岗位变多。暑假，游客特别多，有一段时间，同时有 29 个讲解员在岗。

2017 年 6 月 1 日，十八洞山泉水厂成立，面向村民聘用了 18 个员工。

2019 年 8 月 1 日，村集体开始运营的思源餐厅面向村民招聘了 6 个员工。订餐人数较多时，还会临聘几个村民帮厨。

此外，进驻到十八洞村的税务点、银行等，都在十八洞村招聘了员工。

湖南省农村扶贫对象

档

案

户主姓名：<u>龙寿成</u>

<u>花垣</u> 县（市、区）<u>排碧</u> 乡镇 <u>十八洞</u> 村

申请日期：<u>2014</u> 年 <u>3</u> 月 <u>4</u> 日

户主姓名：龙寿成

2

湖南省农村扶贫对象申请审批表

十八洞 村委会：

　　本人姓名 龙寿成 性别 男 年龄 69 家庭人口 6 人（其中有劳动能力的 3 人），现为 5 组居民，有住房面积 120 平方米，房屋结构为 木房 。承包责任田 4.9 亩，责任山 16.2 亩，责任土 1 亩。家庭主要收入来源是 务农 ，上年度大致收入 6000 元。

　　因 缺技术、缺劳动力 原因家庭困难，特申请农村扶贫对象户待遇。

申请人签字：龙寿成

2014年 3 月 4 日

审批意见	村评议小组评议情况	根据 龙寿成 户的申请，我们于 2014 年 2 月 21 日对申请户进行民主评议，参加评议人数 28 人，该申请户得到同意票 10 张，得票排位第 21 名。 评议小组组长签字：×××× 2014年 2 月 21 日	村委会评议意见	经调查并公示，该户符合扶贫对象相关条件，同意申报农村扶贫对象户。 负责人签字：施进兰 2014年 8 月 5 日（公章）
	乡镇审核意见	经核实，同意申报该户为农村扶贫对象户。 负责人签字：×××× 2014年 8 月 28 日（公章）	县扶贫办复核意见	经复核，同意申报该户为农村扶贫对象户。 负责人签字：×××× 2014年 9 月 6 日（公章）
	县政府审批意见	经审查，同意该户享受农村扶贫对象户待遇。 　　　　　　　　2014年 9 月 29 日（公章）		

备注： 要求准确表述本户致贫原因，不能笼统填缺钱、缺技术。

82

2015年度人均纯收入计算表

贫困户签字（或盖章、按手印）：千海成　填写人：成文银

类 别		金额（元）	备注
家庭总收入	工资性收入（打工、零工收入等）	14000	
	经营性收入（种养业、林业、二三产业等）	2500	
	财产性收入（利息收入、分红收入、土地流转收入等）	0	
	转移性收入（现金、养老金、政策性生产生活补贴、城乡亲友支付的赡养费等）	3055	
	小计	19555	
家庭总支出	家庭经营费用支出　农业生产支出	600	
	林业生产支出	0	
	养殖业生产支出	200	
	其他生产支出	0	
	生产税费支出	0	
	生产性固定资产折旧	0	
	小计	800	
贫困户家庭人均纯收入		3126	

计算周期：上年10月1日至当年9月30日。

计算方法：贫困户家庭人均纯收入＝（家庭总收入－家庭经营费用支出－税费支出－生产性固定资产折旧）÷贫困户家庭建档立卡人口数。

下列收入不列入贫困农户家庭纯收入的计算类别：社会救助（包括低保补助、受灾救助、医疗救助、教育救助、住房救助、就业救助、临时救助,其中特困人员供养除外）、慰问金、扶贫慰问物资、危房改造补助、易地搬迁补助、一次性保险赔付、移民搬迁补助、一次性抚恤金等。

2018年贫困户收入计算表

户主姓名: 戊寿成　　家庭地址: 红岩(镇) 台洞村 5 组　　　　单位: 人、元

序号	项目名称	计算方法及组成部分	数值
1	农民人均纯收入	农民人均纯收入=（家庭总收入—家庭经营费用支出—税费支出—生产性固定资产折旧）/农村居民家庭人口。保留整数。1=（3-19-22-23）/2	10731
2	一、农村居民家庭人口		5人
3	二、家庭总收入	家庭总收入=工资性收入+经营性收入+财产性收入+转移性收入，即：3=4+5+6+9。	56654.8
4	（一）工资性收入	外出务工的所有工资收入，按务工月数*月均工资*人数。	40000
5	（二）经营性收入	主要指农户以家庭为生产经营单位，通过生产经营活动取得的收入。分为农业、林业、牧业、渔业、工业、建筑业以及第三产业。	4500
6	（三）财产性收入	家庭拥有的动产（如银行存款、有价证券）和不动产（如房屋、车辆、收藏品等）所获得的收入。6=7+8	6000
7	1.各种经济组织分红	村集体、合伙企业、各种专业合作社对农户的分红。	6000
8	2.土地流转收入	把田土出租给其他个人或经济组织获得租金。	
9	（四）转移性收入	是指国家、帮扶单位、社会团体对贫困户的补助补贴。9=10+11+12+13+14+15+16+17+18	2072.29 4154
10	1.计划生育金	实行计划生育的独生子女父母、两女户的奖励。	
11	2.生态补偿金	护林员、退耕还林、生态公益林、荒山造林等相关补助	1114.8
12	3.教育助学补助	教育助学生活补助	1000
13	4.政策性生产补贴	粮食补贴、农资综合补贴、农机具补贴	
14	5.特困人员供养金	无劳动能力、无生活来源、无法定赡养扶养义务人、残疾人和未成年人	
15	6.赡养收入	子女按月或按年送给老人的生活费用	
16	7.养老金	年满60岁按月领取	2040
17	8.低保金	民政部门确定的低保户按月领取的低保补助	
18	9.其他		
19	三、家庭经营费用支出	各类生产经营活动成本性开支。19=20+21	1000
20	1.生产经营成本支出	购买种子、苗木、化肥、农药、畜禽种苗的成本	
21	2.生产经营雇工支出	请人插秧、打谷、采摘等开支。	
22	四、税费支出	向信用社或个人借贷款而需支付的利息等。	0
23	五、生产性固定资产折旧	各种农机器具、大棚、烟叶烤棚等生产工具，每年消耗损失的费用。	0

贫困户签名: 戊寿成　　调查人签名: 戊寿明　　时间: 2018年 10 月 8 日

计算周期: 上年10月1日至当年9月30日。

下列收入不列入贫困农户家庭纯收入的计算类别: 社会救助、慰问金、扶贫慰问物资、危房改造补助、易地搬迁补助、一次性保险赔付、移民搬迁补助、一次性抚恤金等。

附件 2-2：

2019 年贫困户收入计算表

户主姓名：龙芬成　　家庭地址：双龙乡（镇）十八洞村 5 组　　　　单位：人、元

序号	项 目 名 称	计 算 方 法 及 组 成 部 分	数 值
1	农民人均纯收入	农民人均纯收入＝（家庭总收入－家庭经营费用支出－税费支出－生产性固定资产折旧）/农村居民家庭人口。保留整数。1=（3-19-22-23）/2	15709
2	一、农村居民家庭人口		5
3	二、家庭总收入	家庭总收入 ＝ 工资性收入 ＋ 经营性收入 ＋ 财产性收入 ＋ 转移性收入，即：3=4+5+6+9	78546
4	（一）工资性收入	外出务工的所有工资收入，按务工月数*月均工资*人数。	60000
5	（二）经营性收入	主要指农户以家庭为生产经营单位，通过生产经营活动取得的收入。分为农业、林业、牧业、渔业、工业、建筑业以及第三产业	0
6	（三）财产性收入	家庭拥有的动产（如银行存款、有价证券）和不动产（如房屋、车辆、收藏品等）所获得的收入。6=7+8	11284
7	1.各种经济组织分红	村集体、合伙企业、各种专业合作社对农户的分红。	7200
8	2.土地流转收入	把田土出租给其他个人或经济组织获得租金。	4084
9	（四）转移性收入	是指国家、帮扶单位、社会团体对贫困户的补助补贴。9=10+11+12+13+14+15+16+17+18	7262
10	1.计划生育金	实行计划生育的独生子女父母、两女户的奖励。	0
11	2.生态补偿金	护林员、退耕还林、生态公益林、荒山造林等相关补助	1290
12	3.教育助学补助	教育助学生活补助	3500
13	4.政策性生产补贴	粮食补贴、农资综合补贴、农机具补贴	0
14	5.特困人员供养金	无劳动能力、无生活来源、无法定赡养扶养义务人、残疾人和未成年人	0
15	6.赡养收入	子女按月或按年送给老人的生活费用	0
16	7.养老金	年满60岁按月领取	2472
17	8.低保金	民政部门确定的低保户按月领取的低保补助	0
18	9.其他		0
19	三、家庭经营费用支出	各类生产经营活动成本性开支。19=20+21	0
20	1.生产经营成本支出	购买种子、苗木、化肥、农药、畜禽种苗的成本	0
21	2.生产经营雇工支出	请人插秧、打谷、采摘等开支。	0
22	四、税费支出	向信用社或个人借贷款而需支付的利息等。	0
23	五、生产性固定资产折旧	各种农机器具、大棚、烟叶烤棚等生产工具，每年消耗损失的费用。	0

贫困户签名：龙芬成　　调查人签名：石晓章　　时间：2019 年 12 月 2 日

　计算周期：2018 年 10 月 1 日-2019 年 9 月 30 日。

　下列收入不列入贫困农户家庭纯收入的计算类别：社会救助、慰问金、扶贫慰问物资、危房改造补助、易地搬迁补助、一次性保险赔付、移民搬迁补助、一次性抚恤金等。

注释：

　　龙寿成家于 2015 年脱贫，当年人均纯收入为 3126 元。

　　龙寿成小儿子和小儿媳妇常年在外打工，家中只剩老两口和读初中的孙子。2018 年底，在外打工的孙女龙金翠回乡；2019 年初，实现在家门口就业。龙寿成家工资性收入稳步提升，2019 年达到 60000 元。

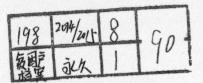

<u>花垣</u> 县市区 2014、2015 年度已脱贫户复核表

户主姓名：<u>龙寿成</u> 家庭人口：<u>6</u> 人　　身份证号码：<u>43312419451013</u>

<u>双龙</u> 乡镇 <u>十八洞</u> 村 <u>五</u> 组　　联系电话：<u>15274305</u>

序号	脱贫指标	验 收 标 准	乡镇核实
1	家庭当年农民人均纯收入稳定超过国家脱贫标准	家庭当年农民人均纯收入稳定超过国家脱贫标准。计算方法：农民人均纯收入＝（总收入－家庭经营费用支出－税费支出－生产性固定资产折旧－农村内部亲友赠送)/农村居民家庭常住人口。	人均纯收入 <u>7943</u> 元。 达标☑　　未达标☐ （原因：＿＿＿＿＿）。
2	不愁吃	家庭成员常年食品支出由家庭自主保障或国家保障,饮水安全达标。	达标☑ 未达标☐ （原因：＿＿＿＿＿）。
3	不愁穿	家庭成员常年服装支出由家庭自主保障或国家保障。	达标☑，　未达标☐ （原因：＿＿＿＿＿）。
4	基本医疗保障	家庭成员均参加城乡居民基本医疗保险,并享受其他医疗保障政策。	达标☑，　未达标☐ （原因：＿＿＿＿＿）。
5	义务教育保障	适龄未成年人均能接受义务教育，没有因贫辍学的现象（因重度残疾、精神病或重大疾病等原因不能正常上学的除外），家庭成员享受其他相应教育扶贫政策。	达标☑，　未达标☐ （原因：＿＿＿＿＿）。
6	住房安全保障	房屋场地安全，结构安全，满足正常使用要求和抗震要求，人均建筑面积不低于 13 平米(用于服务储藏、农具放置等辅助用房不计入面积控制要求)。属于易地扶贫搬迁的贫困户，按省发改委、省住建厅确认的搬迁安置房相关标准执行。	达标☑，　未达标☐ （原因：＿＿＿＿＿）。
7	乡镇复核意见	经复核，该户达到脱贫标准。： 复核人（签名）：　　　　　　　2017 年 7 月 20 日	
8	农户确认	本户已达到脱贫标准。 户主签名：　　　　　　　2017 年 7 月 20 日	
9	村级公示情况	该户已于2017 年 7月22日－29日进行公示，公示无异议。 乡镇盖章	

说明：　1.此表一式 3 份，村委会、乡镇人民政府、县市区扶贫办各存 1 份。

我觉得自己的职业非常好

龙金翠是十八洞村竹子寨人，是龙寿成的孙女，出生于1997年。初中毕业后，她在广东、浙江等地打工。父母在她和弟弟年幼时外出打工，爷爷奶奶将他们带大。

这几年，村里的旅游业越来越红火，急需有一定文化基础的解说员。2018年底回乡后，龙金翠不再外出，选择应聘村里的解说员。2019年初，应聘成功，旅游公司发了苗族服装，安排了培训。培训内容主要有理解和熟记村旅游景点的解说词，了解习近平总书记到十八洞村提出精准扶贫的故事细节，全面了解2013年11月3日以后十八洞村的具体变化，以及仪容仪表、坐姿站姿等。上岗后，一开始是拿底薪加提成，2020年开始每带一个团就得100元工资。目前，她一月有不少于3000元的收入。

带团时，解说员都穿苗族服装，用普通话向游客介绍习近平总书记在十八洞村的亲民爱民故事，介绍精准扶贫给村里带来的变化，带他们体验苗寨风情。2020年受疫情影响，周边不少旅游景点游客少了很多，但是十八洞村还是很火爆。目前，公司有解说员29人，绝大部分是24岁左右的女性。

龙金翠的父母仍在外打工，爷爷在家种地，养了20多只鸭子。她70多岁的奶奶在村部摆摊卖十八洞山泉水、雨伞、香烟和槟榔等。为让奶奶高兴，龙金翠在永顺教书的堂哥，总是帮奶奶在吉首进货，还不让她给钱。村里不少六七十岁的老奶奶在摆摊，她们喜欢聚在一起，哪怕不赚钱，也觉得很开心。

龙金翠读初中的弟弟有教育扶贫的补助。她会帮家里买点荤菜，除掉花销，一个月能存 2000 多元。

龙金翠心声

　　我觉得自己的职业非常好，离家近，可以照顾爷爷奶奶，收入也比较满意。在外打工虽然工资高点，但存不到钱。现在村里改厨改厕了，水、电、路都好了，房屋由政府统一风貌改造后很好看，环境卫生也很好。我会努力提升自己，希望能升职。

1

湖南省农村扶贫对象

档

案

户主姓名：隆配生

花垣 县（市、区）排碧 乡镇 十八洞 村

申请日期：2014 年 3 月 4 日

2

湖南省农村扶贫对象申请审批表

__十八洞__ 村委会：

本人姓名 __隆配生__ 性别 __男__ 年龄 __48__ 家庭人口 __5__ 人（其中有劳动能力的 __4__ 人），现为 __1__ 组居民，有住房面积 __120__ 平方米，房屋结构为 __木房__ 。承包责任田 __1.42__ 亩，责任山 __12.7__ 亩，责任土 __0__ 亩。家庭主要收入来源是 __务农__ ，上年度大致收入 __5000__ 元。

因 __病__ 原因家庭困难，特申请农村扶贫对象户待遇。

申请人签字： 隆配生

2014 年 3 月 4 日

审批意见	村评议小组评议情况	根据 隆配生 户的申请，我们于 2014 年 2 月 21 日对申请户进行民主了评议，参加评议人数 28 人，该申请户得到同意票 13 张，得票排位第 27 名。 评议小组组长签字 2014 年 3 月 21 日	村委会评议意见	经调查并公示，该户符合扶贫对象相关条件，同意申报农村扶贫对象户。 负责人签字：施进三 2014 年 8 月 5 日（公章）
	乡镇审核意见	经核实，同意申报该户为农村扶贫对象户。 负责人签字： 2018 年 8 月 28 日（公章）	县扶贫办复核意见	经复核，同意申报该户为农村扶贫对象户。 负责人签字： 2014 年 9 月 6 日（公章）
	县政府审批意见	经审查，同意该户享受农村扶贫对象户待遇。 2014 年 9 月 29 日（公章）		

备注：要求准确表述本户致贫原因，不能笼统填缺钱、缺技术。

92

家 庭 情 况

户主姓名	隆配生	性别	男
家庭人口	5	民族	苗族
出生时间	1966 年 9 月 22 日		
联系电话	15080869		
识别标准	国家标准		
家庭住址	花垣县狮碧乡十八洞村1组.		
贫困户属性	一般贫困户		
主要致贫 原 因	因病		
耕地面积 （亩）	1.42	林地面积 （亩）	12.7
牧草地面积 （亩）	0	住房面积 （平方米）	120

1

家 庭 成 员

姓 名	公民身份号码 或残疾证号码	与户主 关系	劳动能力
隆配生	433124196609 22···	户主	无劳力(患大病)
石领凤	433124196710 08···	配偶	普通劳动力
隆雪	433124199302 16···	之女	普通劳动力
隆春妃	433124198908 171	之女	普通劳动力
隆厚	433124199109 13···	之女	普通劳动

帮 扶 责 任 人

姓 名	单位名称	单位隶属关系	联系电话
杨小河	苗汉好合作社秘书	企业	139743 01···

2

帮扶成效

时间	成效内容	签字
2014年	1.发展扶贫项目获得养殖支持资金扶持资金 15000元.113之羊羔获得支持100元购买羊羔104集。	陶丽生
	2.李易外生务工年收入10000元，生态补偿257元。	陶丽生 ①
	3.交居民社保险家庭个人出资60元，财政补贴32元从，获得财政补贴后支付保金1600元，住院补偿 1490元	陶丽生 陶丽生 ②
	4.了解了精准扶贫政策，发网报名入户	陶丽生
2015年	1.支持养殖天资金培管办弥养殖木地.113之羊羔获支持00元购买	陶丽生

8

帮 扶 成 效

时间	成 效 内 容	签字
	黑桃10株. 花卉产生受托帮 扶受益2500元.	
	2.交医疗保险个人出资90元/人, 财政补贴380元/人,获财政补贴 交保险1900元,保究补贴482元。③	陈雨生
	3.粉尘务工年收入16000元. 生态④ 补偿257元.	陈雨生
	4.入户道路和房前屋后全部成 了青石板. .	陈雨生
	5.越悉精准扶贫政策	陈雨生
2016年	6.发展够子杂坝桃支持贴补扶资金 增管. 1132元支持等64元买鱼苗	陈雨生

帮 扶 成 效

时间	成 效 内 容	签字
	300尾一和100元购买鱼秧10株 补植并领取桃水对级领款600元,	
	花卉多化委托帮扶获收益 3000元	
	2.外出务工年收入40000元,生态补偿257元。	陆配生 ⑤
	3.交医保给个人出资90元/人 财政补贴360元/人,获得减政 补贴如某险1800元住院补偿 5722元.	陆配生 ⑥
	4.院坝食面硬化了干净整洁 不再怕板	陆配生
	5.自来水入户入厨.	陆配生

10

帮扶成效

时间	成效内容	签字
2017年	1.发展种养加猴本桃5亩2500元.种养收入2900元 2.务工第二年收入达5600元 3.交医社保险贝才政补贴480元/人.获财政补贴治安保险2440元住院补偿1256元⑦生态补偿287元 4.特惠保每人60元,苗绣收入8950元⑧ 5.思想观念得到转变,越来越注重提高效率	陆动志 陆配志 陆配志 陆配志
2018年	1.支持财扶资金培管猴本桃1亩2批,支持100元购买黄本桃10株. 2.交医郭保险以全贫75元/人.财政补贴元 3.务工收入45000元⑨.生态补偿元 4.享特惠保每人60元、共300元. 5.房屋改造卫生、美化.	陆配志 陆配志 陆配志 陆配志

11·

98

6. 生态公益补贴、18亩之

7. 退耕补贴：22亩之

8. 中稻补贴：21亩之

2019. 1. 搬迁补助612600元.

2. 土地流转1198元 ⑩

说 明

一、本手册根据《关于创新机制扎实推进农村扶贫开发工作的意见》（中办发〔2013〕25 号）文件制定。

二、由县级扶贫部门统一印制发放，各乡镇人民政府组织填写，并根据帮扶进度及时更新。

三、手册填写说明

（1）本手册"家庭情况"、"家庭成员"、"帮扶责任人"信息可通过建档立卡信息系统采集后打印或手动填写。

（2）本手册"帮扶措施"中的"项目内容"分为雨露计划、扶贫小额信贷、易地扶贫搬迁、产业发展、基础设施、公共服务和社会事业六大类，应具体填写项目实施内容。

（3）"帮扶单位"是指针对该扶贫项目实施帮扶的投资单位，可以是多个不同的单位。

（4）"帮扶成效"是指该扶贫项目实施后农户收到的实际收益和效果，由农户签字。

2020年. 1. 移民建房补助：8000元

2. 3月搬好房屋是否满意.

3. 茶戒面积：39.5亩元

4. 茶叶补17元、粮补4亩 5. 茶，土地流转660元 ⑪

注释：

①④⑤⑨ 2018 年以前，外出务工是隆配生家的主要收入来源。2018 年，隆配生小女儿隆雪回村在旅游公司就业，实现了家门口就业。

②③⑥⑦ 2014 年、2015 年、2016 年、2017 年，隆配生家都享受了住院补贴。

⑧ 2015 年，十八洞苗绣合作社成立，原村支部书记石顺莲成为合作社的理事长。苗绣合作社的成立不仅让村里的妇女们可以在生产之余绣些绣品增加收入，还促进了苗族传统特色手工艺的传承。

⑩⑪村集体经济和种植大户都会流转村民的土地，流转费用为：旱地 400 元 /（亩·年），水田 600 元 /（亩·年）。

附件5

花垣 县市区 2014、2015 年度已脱贫户复核表

户主姓名： 隆配生　 家庭人口： 5 人　　　　身份证号码 ： 43312419660922____

双龙 镇　 十八洞 村　 一 组　　　　　联系电话： 15080869____

序号	脱贫指标	验 收 标 准	乡镇核实
1	家庭当年农民人均纯收入稳定超过国家脱贫标准	家庭当年农民人均纯收入稳定超过国家脱贫标准。计算方法：农民人均纯收入＝（总收入－家庭经营费用支出－税费支出－生产性固定资产折旧－农村内部亲友赠送）/农村居民家庭常住人口。	人均纯收入 9390 元。 达标☑　未达标口 （原因：＿＿＿＿）。
2	不愁吃	家庭成员常年食品支出由家庭自主保障或国家保障,饮水安全达标。	达标☑ 未达标口 （原因：＿＿＿＿）。
3	不愁穿	家庭成员常年服装支出由家庭自主保障或国家保障。	达标☑，　未达标口 （原因：＿＿＿＿）。
4	基本医疗保障	家庭成员均参加城乡居民基本医疗保险,并享受其他医疗保障政策。	达标☑，　未达标口 （原因：＿＿＿＿）。
5	义务教育保障	适龄未成年人均能接受义务教育，没有因贫辍学的现象（因重度残疾、精神病或重大疾病等原因不能正常上学的除外），家庭成员享受其他相应教育扶贫政策。	达标☑，　未达标口 （原因：＿＿＿＿）。
6	住房安全保障	房屋场地安全，结构安全，满足正常使用要求和抗震要求，人均建筑面积不低于 13 平米(用于服务储藏、农具放置等辅助用房不计入面积控制要求)。属于易地扶贫搬迁的贫困户，按省发改委、省住建厅确认的搬迁安置房相关标准执行。	达标☑，　未达标口 （原因：＿＿＿＿）。
7	乡镇复核意见	经复核，该户达到脱贫标准。： 复核人（签名）： 龚海华 石堂官　　2017年 7 月20 日	
8	农户确认	本户已达到脱贫标准。 户主签名： 隆配生　　2017年 7 月20 日	
9	村级公示情况	该户已于2017年 7月22日－29 日进行公示，公示无异议。 　　　　　　　　　　乡镇盖章	

说明： 1.此表一式3份，村委会、乡镇人民政府、县市区扶贫办各存1份。

101

还是挺不错的

隆雪是隆配生的三女儿。家里三姐妹均是湘西职业学院毕业。大姐出生于 1989 年，已出嫁。二姐出生于 1991 年，在上海工作。隆雪出生于 1993 年，是旅游公司聘请的摆渡车售票员。

隆雪小时候，家中主要靠父亲外出务工维持生活，母亲在家务农，照顾她们姐妹。三姐妹同时上学，全家人不敷出。父母省吃俭用，培养三姐妹，哪怕借款也不让她们辍学。姐妹们毕业后相继参加工作，家中经济情况逐渐好转。母亲因为长久以来的辛劳，身体不是很好。

2014 年，精准识别时，隆配生家因病被评为建档立卡户，2015 年实现脱贫。2014 年，享受住院补贴 1490 元；2015 年，享受住院补贴 4829 元；2016 年，享受住院补贴 5722 元；2017 年，享受住院补贴 1256 元。

2018 年以前，隆雪在上海、吉首打工。母亲希望小女儿可以在身边陪伴自己，将她召唤回村里。隆雪干练、开朗，很快被旅游公司聘为出纳。

自驾来村里的游客越来越多，而梨子寨的停车场太小，若不规范管理，车龙就会从梨子寨排到飞虫寨。为此，村里在飞虫寨修建了一个大型停车场，由旅游公司系统管理。旅游公司配备了十多台摆渡车中转游客，成人来回收费 20 元／人，老人和小孩半价。2019 年，隆雪转岗为摆渡车车票窗口售票员，工资 2300 元／月。周六和周日，来十八洞村的游客特别多，隆雪一天要卖出几千张摆渡车车票。目前，旅游公司的主要收入来源于摆渡车车费。

隆雪的母亲石领凤是花垣县苗绣非遗传承人，有时会绣绣片售卖。2019 年，她开始摆摊，夏天卖斗笠、草帽，冬天卖布鞋。

隆雪心声

　　唯一庆幸的是，虽然家里穷，但是爸妈还是把我们都送到了职业中专，尽了他们最大的努力。现在在村里工作，虽然钱少一点，但是可以陪伴父母，还是挺不错的。

湖南省农村扶贫对象

档

案

户主姓名：_杨五生_

_花垣_ 县（市、区）_排碧_ 乡镇 _十八洞_ 村

申请日期：_2014_ 年 _3_ 月 _4_ 日

户主姓名：杨五生

2

湖南省农村扶贫对象申请审批表

十八洞村委会：

　　本人姓名 杨玉生 性别 男 年龄 75 家庭人口 3 人（其中有劳动能力的 1 人），现为 6 组居民，有住房面积 120 平方米，房屋结构为 木房 。承包责任田 3.11 亩，责任山 12.6 亩，责任土 1.06 亩。家庭主要收入来源是 务农、打零工 ，上年度大致收入 1800 元。

　　因 缺技术、缺资金 原因家庭困难，特申请农村扶贫对象户待遇。

申请人签字：杨玉生（章）

2014年 3 月 4 日

审批意见	村评议小组评议情况	根据 杨玉生 户的申请，我们于 2014 年 2 月 21 日对申请户进行民主了评议，参加评议人数 28 人，该申请户得到同意票 16 张，得票排位第 13 名。 评议小组组长签字： 2014年 3 月 21 日	村委会评议意见	经调查并公示，该户符合扶贫对象相关条件，同意申报农村扶贫对象户。 负责人签字：施进篮 2014年 8 月 5 日（公章）
	乡镇审核意见	经核实，同意申报该户为农村扶贫对象户。 负责人签字：吴永震 2014 年 8 月 28 日（公章）	县扶贫办复核意见	经复核，同意申报该户为农村扶贫对象户。 负责人签字：张老女 2014年 9 月 6 日（公章）
	县政府审批意见	经审查，同意该户享受农村扶贫对象户待遇。 2014年 9 月 29 日（公章）		

备注： 要求准确表述本户致贫原因，不能笼统填缺钱、缺技术。

2016年度人均纯收入计算表

贫困户签字（或盖章、按手印）：杨边羊　　　填写人：

类　别		金额（元）	备注
家庭总收入	工资性收入（打工、零工收入等）	16000	
	经营性收入（种养业、林业、二三产业等）	8000	
	财产性收入（利息收入、分红收入、土地流转收入等）	20000	
	转移性收入（现金、养老金、政策性生产生活补贴、城乡亲友支付的赡养费等）	2358.6	
	小计	46358.6	
家庭总支出	家庭经营费用支出 农业生产支出	1600	
	林业生产支出	500	
	养殖业生产支出	0	
	其他生产支出	1400	
	生产税费支出	0	
	生产性固定资产折旧	0	
	小计	3500	
贫困户家庭人均纯收入		14286	

计算周期：上年10月1日至当年9月30日。

计算方法：贫困户家庭人均纯收入＝（家庭总收入－家庭经营费用支出－税费支出－生产性固定资产折旧）÷贫困户家庭建档立卡人口数。

下列收入不列入贫困农户家庭纯收入的计算类别：社会救助(包括低保补助、受灾救助、医疗救助、教育救助、住房救助、就业救助、临时救助,其中特困人员供养除外)、慰问金、扶贫慰问物资、危房改造补助、易地搬迁补助、一次性保险赔付、移民搬迁补助、一次性抚恤金等。

最新

2018年贫困户收入计算表

户主姓名 杨远章　家庭地址：江口区（镇）小洞 6 组　　　　单位：人、元

序号	项目名称	计算方法及组成部分	数值
1	农民人均纯收入	农民人均纯收入＝（家庭总收入－家庭经营费用支出－税费支出－生产性固定资产折旧）/农村居民家庭人口。保留整数。1=（3-19-22-23）/2	18334
2	一、农村居民家庭人口		3人
3	二、家庭总收入	家庭总收入＝工资性收入＋经营性收入＋财产性收入＋转移性收入，即：3=4+5+6+9	55202.7
4	（一）工资性收入	外出务工的所有工资收入，按务工月数*月均工资*人数。	20000
5	（二）经营性收入	主要指农户以家庭为生产经营单位，通过生产经营活动取得的收入。分为农业、林业、牧业、渔业、工业、建筑业以及第三产业	1000
6	（三）财产性收入	家庭拥有的动产（如银行存款、有价证券）和不动产（如房屋、车辆、收藏品等）所获得的收入。6=7+8	33000
7	1.各种经济组织分红	村集体、合伙企业、各种专业合作社对农户的分红。	3000
8	2.土地流转收入	把田土出租给其他个人或经济组织获得租金。	20000
9	（四）转移性收入	是指国家、帮扶单位、社会团体对贫困户的补助补贴。9=10+11+12+13+14+15+16+17+18	1202.7
10	1.计划生育金	实行计划生育的独生子女父母、两女户的奖励。	
11	2.生态补偿金	护林员、退耕还林、生态公益林、荒山造林等相关补助	182.7
12	3.教育助学补助	教育助学生活补助	
13	4.政策性生产补贴	粮食补贴、农资综合补贴、农机具补贴	
14	5.特困人员供养金	无劳动能力、无生活来源、无法定赡养扶养义务人、残疾人和未成年人	
15	6.赡养收入	子女按月或按年送给老人的生活费用	
16	7.养老金	年满60岁按月领取	1020
17	8.低保金	民政部门确定的低保户按月领取的低保补助	
18	9.其他		
19	三、家庭经营费用支出	各类生产经营活动成本性开支。19=20+21	200
20	1.生产经营成本支出	购买种子、苗木、化肥、农药、畜禽种苗的成本	
21	2.生产经营雇工支出	请人插秧、打谷、采摘等开支。	
22	四、税费支出	向信用社或个人借贷款而需支付的利息等。	
23	五、生产性固定资产折旧	各种农机器具、大棚、烟叶烤棚等生产工具，每年消耗损失的费用。	

贫困户签名：杨远章　调查人签名：于文萍　时间：2018年 10月30日

计算周期：上年10月1日至当年9月30日。

　下列收入不列入贫困农户家庭纯收入的计算类别：社会救助、慰问金、扶贫慰问物资、危房改造补助、易地搬迁补助、一次性保险赔付、移民搬迁补助、一次性抚恤金等。

108

2019 年贫困户收入计算表

户主姓名：杨远亭　　家庭地址：　　乡（镇）　　村　　组　　单位：人、元

序号	项目名称	计算方法及组成部分	数值
1	农民人均纯收入	农民人均纯收入＝（家庭总收入－家庭经营费用支出－税费支出－生产性固定资产折旧）/农村居民家庭人口。保留整数。1=（3-19-22-23）/2	~~34655.7~~ ~~34483.1~~ 34589.05
2	一、农村居民家庭人口		3
3	二、家庭总收入	家庭总收入 = 工资性收入 + 经营性收入 + 财产性收入 + 转移性收入，即：3=4+5+6+9	~~104029.3~~ ~~104967.15~~ 103767.15
4	（一）工资性收入	外出务工的所有工资收入，按务工月数*月均工资*人数。	28000元
5	（二）经营性收入	主要指农户以家庭为生产经营单位，通过生产经营活动取得的收入。分为农业、林业、牧业、渔业、工业、建筑业以及第三产业	1200元
6	（三）财产性收入	家庭拥有的动产（如银行存款、有价证券）和不动产（如房屋、车辆、收藏品等）所获得的收入。6=7+8	73398元
7	1.各种经济组织分红	村集体、合伙企业、各种专业合作社对农户的分红。	3600元
8	2.土地流转收入	把田土出租给其他个人或经济组织获得租金。	69798元
9	（四）转移性收入	是指国家、帮扶单位、社会团体对贫困户的补助补贴。9=10+11+12+13+14+15+16+17+18	1869.15
10	1.计划生育金	实行计划生育的独生子女父母、两女户的奖励。	0
11	2.生态补偿金	护林员、退耕还林、生态公益林、荒山造林等相关补助	195.3元
12	3.教育助学补助	教育助学生活补助	0
13	4.政策性生产补贴	粮食补贴、农资综合补贴、农机具补贴	437.85元
14	5.特困人员供养金	无劳动能力、无生活来源、无法定赡养扶养义务人、残疾人和未成年人	0
15	6.赡养收入	子女按月或按年送给老人的生活费用	0
16	7.养老金	年满60岁按月领取	1236元
17	8.低保金	民政部门确定的低保户按月领取的低保补助	0
18	9.其他		0
19	三、家庭经营费用支出	各类生产经营活动成本性开支。19=20+21	200
20	1.生产经营成本支出	购买种子、苗木、化肥、农药、畜禽种苗的成本	200
21	2.生产经营雇工支出	请人插秧、打谷、采摘等开支。	0
22	四、税费支出	向信用社或个人借贷款而需支付的利息等。	0
23	五、生产性固定资产折旧	各种农机器具、大棚、烟叶烤棚等生产工具，每年消耗损失的费用。	500元

贫困户签名：杨远亭　　调查人签名：庞吉旺　　时间：2019 年 10 月 11 日

计算周期：2018 年 10 月 1 日-2019 年 9 月 30 日。

下列收入不列入贫困农户家庭纯收入的计算类别：社会救助、慰问金、扶贫慰问物资、危房改造补助、易地搬迁补助、一次性保险赔付、移民搬迁补助、一次性抚恤金等。

注释:

2016 年杨五生去世，他家户主改为杨远章。

杨远章家于 2016 年脱贫。当年，房屋开始出租给本地邮政公司，获得 20000 元收入；他开始在旅游公司就业，获得工资性收入 16000 元。加上其他收入，年人均纯收入提升至 14286 元。

2018 年、2019 年，家庭土地被征收用来建水厂、修游步道等，分别获得补偿金 20000 元、69798 元。

附件4

贫困户脱贫验收表

户主姓名：杨远章　　　家庭人口：　3　人　　身份证号码 43312419721224▢▢▢
花垣　　县市区　　双龙　乡镇　双龙　村　2　组　联系电话：18474301▢▢

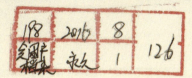

序号	脱贫指标	验收标准	乡镇核实
1	家庭当年农民人均纯收入稳定超过国家脱贫标准	家庭当年农民人均纯收入稳定超过国家脱贫标准。计算方法：农民人均纯收入＝（总收入－家庭经营费用支出－税费支出－生产性固定资产折旧－农村内部亲友赠送）/农村居民家庭常住人口。	人均纯收入14286元。达标☑　　未达标□（原因：＿＿＿）。
2	不愁吃	家庭成员常年食品支出由家庭自主保障或国家保障,饮水安全达标。	达标☑未达标□（原因：＿＿＿）。
3	不愁穿	家庭成员常年服装支出由家庭自主保障或国家保障。	达标☑，　未达标□（原因：＿＿＿）。
4	基本医疗保障	家庭成员均参加城乡居民基本医疗保险,并享受其他医疗保障政策。	达标☑　未达标□（原因：＿＿＿）。
5	义务教育保障	适龄未成年人均能接受义务教育，没有因贫辍学的现象（因重度残疾、精神病或重大疾病等原因不能正常上学的除外），家庭成员享受其他相应教育扶贫政策。	达标☑，　未达标□（原因：＿＿＿）。
6	住房安全保障	房屋场地安全，结构安全，满足正常使用要求和抗震要求，人均建筑面积不低于13平米(用于服务储藏、农具放置等辅助用房不计入面积控制要求)。属于易地扶贫搬迁的贫困户，按省发改委、省住建厅确认的搬迁安置房相关标准执行。	达标☑　未达标□（原因：＿＿＿）。
7	村民主评议意见	经村民小组推荐，村"两委"组织村民代表评议小组评议，拟确定该户为脱贫户。评议组长签名（盖章）：　　　　　　村委会（盖章）：　　2016年11月22日	
8	农户确认	经过自身努力和各界帮扶，本户已达到脱贫标准，现自愿退出贫困户序列。户主签名：杨远章　　　　　2016年11月25日	
9	乡镇核实（初步验收）意见	经乡镇核实（初步验收），该户达到脱贫标准。验收核实人（签字）：　　　　2016年11月31日	

说明：　1.此表一式3份，村委会、乡镇人民政府、县市区扶贫办各存1份。
　　　　2.村级评议组长签名（盖章）中的"评议组长"，指由群众评选或村"两委"指定的评议会议主要负责人。
　　　　3."农户确认"一栏原则上由户主本人或者由18岁以上家庭主要成员签名，并按手印。

111

我的生活比以前强

杨远章是十八洞村梨子寨人，1972 年出生，妻子龙建梅 1978 年出生，他们于 2016 年结婚。他的哥哥杨远青结婚后，另立门户，另建房居住。母亲与杨远章住旧屋。

　　杨远章十六七岁就外出打工，2014 年以前一直漂泊，居无定所，每年的收入抵掉花销剩不了多少钱。2014 年回村，因缺技术、缺资金被识别为建档立卡户。

　　2016 年 12 月，旅游公司成立，杨远章被旅游公司聘为保洁队队长，负责培训、管理村保洁人员，保障村里的环境卫生。环卫人员的培训内容是：1.学习环卫保障的规章制度，如工作时必须穿工作服，有事要请假，负责打扫的卫生区域要符合相关要求；2.学习垃圾分类的知识。梨子寨是重点保障区域，要在游客来之前清扫完，要整天都保持干净。杨远章会和保安队队长一起抽检，如果发现垃圾两个小时之后还没清理，就会对相关人员做出适当罚款。现在，村里有保洁人员 16 人（含公益性岗位 4 人）、保安 9 人。

　　杨远章家中的两间房租给邮政公司，每年有房租收入。因发展旅游的需要，家中有一亩多农田、几分土和林地被征收。家中主要开支是生活花销（如电话费、电费、煤气费等）和人情钱。老母亲种了点菜，家中不再种水稻。2015 年，家中买了一辆二手汽车，方便赶集和采购。

杨远章心声

> 做梦也想不到十八洞会发生这么大的变化，旅游已成为村里的支柱产业，大家家门口就可就业，这太好了。我的生活比以前强，有房子出租，可以补贴家用。自己的工资可以维持自己的花销。

湖南省农村扶贫对象

档

案

户主姓名：龙清华

花垣 县（市、区）排碧 乡镇十八洞 村
申请日期：2014 年 3 月 4 日

户主姓名：龙清华

2

湖南省农村扶贫对象申请审批表

__十八洞__ 村委会：

　　本人姓名 __龙清华__ 性别 __男__ 年龄 __52__ 家庭人口 __5__ 人（其中有劳动能力的 __4__ 人），现为 __2__ 组居民，有住房面积 __100__ 平方米，房屋结构为 __木房__ 。承包责任田 __2__ 亩，责任山 __10__ 亩，责任土 __2__ 亩。家庭主要收入来源是 __务农__ ，上年度大致收入 __8000__ 元。

　　因 __缺技术、缺夫资金__ 原因家庭困难，特申请农村扶贫对象户待遇。

申请人签字：龙清华

2014年 3 月 4 日

审批意见	村评议小组评议情况	根据 _龙清华_ 户的申请，我们于 _2014_ 年 _2_ 月 _21_ 日对申请户进行民主了评议，参加评议人数 _28_ 人，该申请户得到同意票 _10_ 张，得票排位第 _24_ 名。 评议小组组长签字： 2014年 3 月 21 日	村委会评议意见	经调查并公示，该户符合扶贫对象相关条件，同意申报农村扶贫对象户。 负责人签字：施进兰 2014年8月5日（公章）
	乡镇审核意见	经核实，同意申报该户为农村扶贫对象户。 负责人签字：吴月云 2014年 8 月 28 日（公章）	县扶贫办复核意见	经复核，同意申报该户为农村扶贫对象户。 负责人签字： 2014年 9 月 6 日（公章）
	县政府审批意见	经审查，同意该户享受农村扶贫对象户待遇。 2014年 9 月 29 日（公章）		

备注：要求准确表述本户致贫原因，不能笼统填缺钱、缺技术。

116

2015年度人均纯收入计算表

贫困户签字（或盖章、按手印）：武清乡　　填写人：高志银

	类　别	金额（元）	备注
家庭总收入	工资性收入（打工、零工收入等）	18000	
	经营性收入（种养业、林业、二三产业等）	3000	
	财产性收入（利息收入、分红收入、土地流转收入等）	0	
	转移性收入（现金、养老金、政策性生产生活补贴、城乡亲友支付的赡养费等）	976.5	
	小计	21976.5	
家庭总支出	家庭经营费用支出	农业生产支出	300	
		林业生产支出	0	
		养殖业生产支出	0	
		其他生产支出	600	
	生产税费支出		0	
	生产性固定资产折旧		0	
	小计		900	
贫困户家庭人均纯收入			4215	

计算周期：上年10月1日至当年9月30日。

计算方法：贫困户家庭人均纯收入＝（家庭总收入－家庭经营费用支出－税费支出－生产性固定资产折旧）÷贫困户家庭建档立卡人口数。

下列收入不列入贫困农户家庭纯收入的计算类别：社会救助（包括低保补助、受灾救助、医疗救助、教育救助、住房救助、就业救助、临时救助,其中特困人员供养除外）、慰问金、扶贫慰问物资、危房改造补助、易地搬迁补助、一次性保险赔付、移民搬迁补助、一次性抚恤金等。

最新 改城

2018年贫困户收入计算表

户主姓名: 龙清华　家庭地址: 县(镇) 十八洞村 2组　　　单位: 人、元

序号	项目名称	计算方法及组成部分	数值
1	农民人均纯收入	农民人均纯收入＝(家庭总收入－家庭经营费用支出－税费支出－生产性固定资产折旧)/农村居民家庭人口。保留整数。1=(3-19-22-23)/2	11727
2	一、农村居民家庭人口		5
3	二、家庭总收入	家庭总收入 = 工资性收入 + 经营性收入 + 财产性收入 + 转移性收入, 即: 3=4+5+6+9	60034
4	(一)工资性收入	外出务工的所有工资收入, 按务工月数*月均工资*人数。	50900
5	(二)经营性收入	主要指农户以家庭为生产经营单位, 通过生产经营活动取得的收入。分为农业、林业、牧业、渔业、工业、建筑业以及第三产业	4100
6	(三)财产性收入	家庭拥有的动产(如银行存款、有价证券)和不动产(如房屋、车辆、收藏品等)所获得的收入。6=7+8	500
7	1.各种经济组织分红	村集体、合伙企业、各种专业合作社对农户的分红。	500
8	2.土地流转收入	把田土出租给其他个人或经济组织获得租金。	
9	(四)转移性收入	是指国家、帮扶单位、社会团体对贫困户的补助补贴。9=10+11+12+13+14+15+16+17+18	834
10	1.计划生育金	实行计划生育的独生子女父母、两女户的奖励。	
11	2.生态补偿金	护林员、退耕还林、生态公益林、荒山造林等相关补助	834
12	3.教育助学补助	教育助学生活补助	
13	4.政策性生产补贴	粮食补贴、农资综合补贴、农机具补贴	
14	5.特困人员供养金	无劳动能力、无生活来源、无法定赡养扶养义务人、残疾人和未成年人	
15	6.赡养收入	子女按月或按年送给老人的生活费用	
16	7.养老金	年满60岁按月领取	
17	8.低保金	民政部门确定的低保户按月领取的低保补助	
18	9.其他		
19	三、家庭经营费用支出	各类生产经营活动成本性开支。19=20+21	1400
20	1.生产经营成本支出	购买种子、苗木、化肥、农药、畜禽种苗的成本	
21	2.生产经营雇工支出	请人插秧、打谷、采摘等开支。	
22	四、税费支出	向信用社或个人借贷款而需支付的利息等。	
23	五、生产性固定资产折旧	各种农机器具、大棚、烟叶烤棚等生产工具, 每年消耗损失的费用	

贫困户签名: 龙清华　调查人签名: 石跃高　　时间: 2018年 10月30日

计算周期: 上年10月1日至当年9月30日。

下列收入不列入贫困农户家庭纯收入的计算类别: 社会救助、慰问金、扶贫慰问物资、危房改造补助、易地搬迁补助、一次性保险赔付、移民搬迁补助、一次性抚恤金等。

118

2019 年贫困户收入计算表

户主姓名：龙清华　家庭地址：阳龙乡（镇）大人洞村　2 组　　　　单位：人、元

序号	项目名称	计算方法及组成部分	数值
1	农民人均纯收入	农民人均纯收入＝（家庭总收入－家庭经营费用支出－税费支出－生产性固定资产折旧）/农村居民家庭人口。保留整数。1=（3-19-22-23）/2	19535
2	一、农村居民家庭人口		5
3	二、家庭总收入	家庭总收入 = 工资性收入 + 经营性收入 + 财产性收入 + 转移性收入，即：3=4+5+6+9	97675
4	（一）工资性收入	外出务工的所有工资收入，按务工月数*月均工资*人数。	88000
5	（二）经营性收入	主要指农户以家庭为生产经营单位，通过生产经营活动取得的收入。分为农业、林业、牧业、渔业、工业、建筑业以及第三产业	0
6	（三）财产性收入	家庭拥有的动产（如银行存款、有价证券）和不动产（如房屋、车辆、收藏品等）所获得的收入。6=7+8	6000
7	1.各种经济组织分红	村集体、合伙企业、各种专业合作社对农户的分红。	6000
8	2.土地流转收入	把田土出租给其他个人或经济组织获得租金。	0
9	（四）转移性收入	是指国家、帮扶单位、社会团体对贫困户的补助补贴。9=10+11+12+13+14+15+16+17+18	3675
10	1.计划生育金	实行计划生育的独生子女父母、两女户的奖励。	0
11	2.生态补偿金	护林员、退耕还林、生态公益林、荒山造林等相关补助	1175
12	3.教育助学补助	教育助学生活补助	2500
13	4.政策性生产补贴	粮食补贴、农资综合补贴、农机具补贴	0
14	5.特困人员供养金	无劳动能力、无生活来源、无法定赡养扶养义务人、残疾人和未成年人	0
15	6.赡养收入	子女按月或按年送给老人的生活费用	0
16	7.养老金	年满60岁按月领取	0
17	8.低保金	民政部门确定的低保户按月领取的低保补助	0
18	9.其他		0
19	三、家庭经营费用支出	各类生产经营活动成本性开支。19=20+21	0
20	1.生产经营成本支出	购买种子、苗木、化肥、农药、畜禽种苗的成本	0
21	2.生产经营雇工支出	请人插秧、打谷、采摘等开支。	0
22	四、税费支出	向信用社或个人借贷款而需支付的利息等。	0
23	五、生产性固定资产折旧	各种农机器具、大棚、烟叶烤棚等生产工具，每年消耗损失的费用。	0

贫困户签名：龙清华　调查人签名：石灵犀　时间：2019 年 10 月 2 日

计算周期：2018 年 10 月 1 日-2019 年 9 月 30 日。

下列收入不列入贫困农户家庭纯收入的计算类别：社会救助、慰问金、扶贫慰问物资、危房改造补助、易地搬迁补助、一次性保险赔付、移民搬迁补助、一次性抚恤金等。

注释:

　　龙清华家于 2015 年脱贫，当年人均纯收入 4215 元。

　　从收入计算表可知，龙清华家的主要收入是务工工资。2019 年，龙清华在旅游公司当保安，当年家庭人均纯收入达到 19535 元。

附件5

花垣 县市区 2014、2015 年度已脱贫户复核表

户主姓名： 龙清华 家庭人口： 5人 身份证号码： 43312419620919...

双龙 乡镇 十八洞 村 二 组 联系电话：15111221...

序号	脱贫指标	验 收 标 准	乡镇核实
1	家庭当年农民人均纯收入稳定超过国家脱贫标准	家庭当年农民人均纯收入稳定超过国家脱贫标准。计算方法：农民人均纯收入＝（总收入－家庭经营费用支出－税费支出－生产性固定资产折旧－农村内部亲友赠送)/农村居民家庭常住人口。	人均纯收入9649元。 达标☑ 未达标□ （原因：_____）。
2	不愁吃	家庭成员常年食品支出由家庭自主保障或国家保障,饮水安全达标。	达标☑ 未达标□ （原因：_____）。
3	不愁穿	家庭成员常年服装支出由家庭自主保障或国家保障。	达标☑，未达标□ （原因：_____）。
4	基本医疗保障	家庭成员均参加城乡居民基本医疗保险,并享受其他医疗保障政策。	达标☑，未达标□ （原因：_____）。
5	义务教育保障	适龄未成年人均能接受义务教育，没有因贫辍学的现象（因重度残疾、精神病或重大疾病等原因不能正常上学的除外），家庭成员享受其他相应教育扶贫政策。	达标☑，未达标□ （原因：_____）。
6	住房安全保障	房屋场地安全，结构安全，满足正常使用要求和抗震要求，人均建筑面积不低于 13 平米(用于服务储藏、农具放置等辅助用房不计入面积控制要求)。属于易地扶贫搬迁的贫困户，按省发改委、省住建厅确认的搬迁安置房相关标准执行。	达标☑，未达标□ （原因：_____）。
7	乡镇复核意见	经复核，该户达到脱贫标准。： 复核人（签名）： 龙海华 石登高 2017 年 7 月 20 日	
8	农户确认	本户已达到脱贫标准。 户主签名： 龙清华 2017 年 7 月 20 日	
9	村级公示情况	该户已于 2017 年 7 月 22 日—29 日进行公示，公示无异议。 乡镇盖章	

说明： 1.此表一式 3 份，村委会、乡镇人民政府、县市区扶贫办各存 1 份。

对这个工作很满意

龙清华出生于 1962 年，妻子杨兰珍出生于 1965 年，两个儿子已成家。大儿子龙兴庆有两个小孩，大儿媳周娟是武汉人，在十八洞山泉水厂上班。小儿子龙云有一个小孩，小儿媳罗旭琴在家带孩子。大儿子婚后户口已经独立，龙清华两口子和小儿子户口在一起。两个儿子分家不分灶，一大家子九个人一起生活。

　　2014 年以前，龙清华一直在家务农，农闲时打点零工。凭着木工手艺，他帮别人家建房子，每天可赚一百来块钱。因为家中人多，每年很难有结余。精准识别贫困户时，大儿子一家没有纳入建档立卡户；小儿子结婚不久，没有常年在外打工，家中收入很少。到 2015 年家中打工收入增加，得以脱贫。

　　2019 年，旅游公司招聘保安，龙清华参加应聘。因年龄和身体状况符合条件，他被顺利聘上，每月工资 2000 元。经过一周多的培训，他拿到公安部门颁发的保安员证后，在飞虫寨的岗亭工作。他负责的岗亭，是所有车辆进出十八洞村的第一个关口，岗亭不远处便是飞虫寨停车场。为了防止自驾游的私家车堵塞交通，他需要劝导司机将车辆停在停车场，然后改乘摆渡车去竹子寨、梨子寨。村子里的私家车可以通行，所以他熟悉村里每家每户的车辆。

　　2019 年，龙清华家建了新房，政府统一进行外墙装修。全家入股了村里的猕猴桃园，2018 年底分红 5000 元，2019 年底分红 6000 元。

　　2017 年暑假，在外打工的周娟回乡，听说山泉水厂招聘，参加了面试，成功入选，担任水厂质检员。为保证能胜任质检员的工作，水厂安排她到长沙理工大学培训一周，了解、熟悉水的检测和化验工作。2018 年，她升职为品质专员，负责监督和检查产品品质，底薪 3000

元 / 月，外加加班工资和绩效提成。现在，她的日常工作主要是监督、检查生产线上关键点是否达标，如抽查杀菌的臭氧浓度是否控制到位，标签、瓶盖等外包装是否达标，同时监督生产线上检验人员的工作。

十八洞山泉水厂是全自动化生产，周末双休，工作时提供中餐，加班还有晚餐。

2020 年暑假，每逢周末，周娟便在飞虫寨停车场摆摊卖水。村里摆摊的村民几乎都会售卖十八洞山泉水。

龙清华心声

> 对这个工作很满意。下班后，我还可以抽空打理自家农田。原来家里有两亩地，2019 年开始又租了两亩，四亩地全部种水稻，保障一家九口的口粮。希望村里越来越好，我自己有一个好晚年。

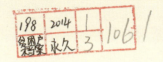

湖南省农村扶贫对象

档

案

户主姓名：杨胜章

花垣 县（市、区）排碧 乡镇 十八洞 村

申请日期：2014 年 3 月 4 日

户主姓名：杨胜章

2

湖南省农村扶贫对象申请审批表

十八洞 村委会：

　　本人姓名 _杨明章_ 性别 _男_ 年龄 _52_ 家庭人口 _4_ 人（其中有劳动能力的 _3_ 人），现为 _5_ 组居民，有住房面积 _120_ 平方米，房屋结构为 _木房_ 。承包责任田 _6_ 亩，责任山 _145_ 亩，责任土 _06_ 亩。家庭主要收入来源是 _务农_ ，上年度大致收入 _7000_ 元。

　　因 _病_ 原因家庭困难，特申请农村扶贫对象户待遇。

申请人签字： 杨明章

2014 年 3 月 4 日

<table>
<tr>
<td rowspan="3">审批意见</td>
<td>村评议小组评议情况</td>
<td>根据 _杨明章_ 户的申请，我们于 2014 年 2 月 21 日对申请户进行民主了评议，参加评议人数 28 人，该申请户得到同意票 8 张，得票排位第 22 名。

评议小组组长签字：

2014 年 2 月 21 日</td>
<td>村委会评议意见</td>
<td>经调查并公示，该户符合扶贫对象相关条件，同意申报农村扶贫对象户。

负责人签字：施进之

2014 年 8 月 5 日（公章）</td>
</tr>
<tr>
<td>乡镇审核意见</td>
<td>经核实，同意申报该户为农村扶贫对象户。

负责人签字：

2014 年 8 月 28 日（公章）</td>
<td>县扶贫办复核意见</td>
<td>经复核，同意申报该户为农村扶贫对象户。

负责人签字：

2014 年 9 月 6 日（公章）</td>
</tr>
<tr>
<td>县政府审批意见</td>
<td colspan="3">经审查，同意该户享受农村扶贫对象户待遇

2014 年 9 月 29 日（公章）</td>
</tr>
</table>

　　备注：要求准确表述本户致贫原因，不能笼统填缺钱、缺技术。

附件3

2015 年度人均收入计算表

贫困户签字（或盖章、按手印）：高胜军　　　填写人：代士锐

		类　别	金额（元）	备　注
家庭总收入		工资性收入（打工、零工收入等）	13000	
		经营性收入（种养业、林业、二三产业等）	4000	
		财产性收入（利息收入、分红收入、土地流转收入等）	0	
		转移性收入（现金、养老金、政策性生产生活补贴、城乡亲友支付的赡养费等）	2051.55	
		小计	19051.55	
家庭总支出	家庭经营费用支出	农业生产支出	500	
		林业生产支出	0	
		养殖业生产支出	600	
		其他生产支出	0	
		生产税费支出	0	
		生产性固定资产折旧	0	
		小计	1100	
人口数	5	贫困户家庭人均纯收入	3590.31	

附件3

2016 年度人均收入计算表

贫困户签字（或盖章、按手印）：高胜章　　　　填写人：梅建军

	类　别	金额（元）	备　注
家庭总收入	工资性收入（打工、零工收入等）	15000	
	经营性收入（种养业、林业、二三产业等）	6000	
	财产性收入（利息收入、分红收入、土地流转收入等）	0	
	转移性收入（现金、养老金、政策性生产生活补贴、城乡亲友支付的赡养费等）	1091.55	
	小计	22091.55	

		类别	金额（元）	备注
家庭总支出	家庭经营费用支出	农业生产支出	700	
		林业生产支出	0	
		养殖业生产支出	600	
		其他生产支出	0	
	生产税费支出		0	
	生产性固定资产折旧		0	
	小计		1300	
人口数	4	贫困户家庭人均纯收入	5197.8875	

128

附件 2-2:

2019 年贫困户收入计算表

户主姓名：杨胜军　　家庭地址：双龙乡（镇）十八洞村 五 组　　　　单位：人、元

序号	项目名称	计算方法及组成部分	数值
1	农民人均纯收入	农民人均纯收入＝（家庭总收入－家庭经营费用支出－税费支出－生产性固定资产折旧）/农村居民家庭人口。保留整数。1=（3-19-22-23）/2	8546
2	一、农村居民家庭人口		51276
3	二、家庭总收入	家庭总收入 = 工资性收入 + 经营性收入 + 财产性收入 + 转移性收入，即：3=4+5+6+9	0
4	（一）工资性收入	外出务工的所有工资收入，按务工月数*月均工资*人数。	39000
5	（二）经营性收入	主要指农户以家庭为生产经营单位，通过生产经营活动取得的收入。分为农业、林业、牧业、渔业、工业、建筑业以及第三产业	0
6	（三）财产性收入	家庭拥有的动产（如银行存款、有价证券）和不动产（如房屋、车辆、收藏品等）所获得的收入。6=7+8	6000
7	1.各种经济组织分红	村集体、合伙企业、各种专业合作社对农户的分红。	6000
8	2.土地流转收入	把田土出租给其他个人或经济组织获得租金。	0
9	（四）转移性收入	是指国家、帮扶单位、社会团体对贫困户的补助补贴。9=10+11+12+13+14+15+16+17+18	6275.5
10	1.计划生育金	实行计划生育的独生子女父母、两女户的奖励。	0
11	2.生态补偿金	护林员、退耕还林、生态公益林、荒山造林等相关补助	685
12	3.教育助学补助	教育助学生活补助	0
13	4.政策性生产补贴	粮食补贴、农资综合补贴、农机具补贴	724.5
14	5.特困人员供养金	无劳动能力、无生活来源、无法定赡养扶养义务人、残疾人和未成年人	1133
15	6.赡养收入	子女按月或按年送给老人的生活费用	0
16	7.养老金	年满60岁按月领取	0
17	8.低保金	民政部门确定的低保户按月领取的低保补助	3728
18	9.其他		0
19	三、家庭经营费用支出	各类生产经营活动成本性开支。19=20+21	0
20	1.生产经营成本支出	购买种子、苗木、化肥、农药、畜禽种苗的成本	0
21	2.生产经营雇工支出	请人插秧、打谷、采摘等开支。	0
22	四、税费支出	向信用社或个人借贷款而需支付的利息等。	0
23	五、生产性固定资产折旧	各种农机器具、大棚、烟叶烤棚等生产工具，每年消耗损失的费用。	0

贫困户签名：杨胜高　　调查人签名：　　　时间：2019 年 10 月 12 日

计算周期：2018 年 10 月 1 日-2019 年 9 月 30 日。

下列收入不列入贫困农户家庭纯收入的计算类别：社会救助、慰问金、扶贫慰问物资、危房改造补助、易地搬迁补助、一次性保险赔付、移民搬迁补助、一次性抚恤金等。

注释：

  杨胜章家于2015年脱贫，当年人均纯收入3590.31元。
  从收入计算表可知，杨胜章家的主要收入是务工收入。2019年下半年，他51岁的妻子龙和花应聘到村集体的思源餐厅当服务员，实现了在家门口就业。

附件 5

花垣 县市区 2014、2015 年度已脱贫户复核表

户主姓名： 杨胜章　　家庭人口： 4 人　　　　身份证号码： 43312419620809...

双龙 乡镇　十八洞 村 5 组　　　　　　联系电话： 15576911...

序号	脱贫指标	验 收 标 准	乡镇核实
1	家庭当年农民人均纯收入稳定超过国家脱贫标准	家庭当年农民人均纯收入稳定超过国家脱贫标准。计算方法：农民人均纯收入＝（总收入－家庭经营费用支出－税费支出－生产性固定资产折旧－农村内部亲友赠送）/农村居民家庭常住人口。	人均纯收入 5197 元。 达标☑　　未达标☐ （原因：＿＿＿＿）。
2	不愁吃	家庭成员常年食品支出由家庭自主保障或国家保障,饮水安全达标。	达标☑ 未达标☐ （原因：＿＿＿＿）。
3	不愁穿	家庭成员常年服装支出由家庭自主保障或国家保障。	达标☑，　未达标☐ （原因：＿＿＿＿）。
4	基本医疗保障	家庭成员均参加城乡居民基本医疗保险,并享受其他医疗保障政策。	达标☑，　未达标☐ （原因：＿＿＿＿）。
5	义务教育保障	适龄未成年人均能接受义务教育，没有因贫辍学的现象（因重度残疾、精神病或重大疾病等原因不能正常上学的除外），家庭成员享受其他相应教育扶贫政策。	达标☑，　未达标☐ （原因：＿＿＿＿）。
6	住房安全保障	房屋场地安全，结构安全，满足正常使用要求和抗震要求，人均建筑面积不低于 13 平米(用于服务储藏、农具放置等辅助用房不计入面积控制要求)。属于易地扶贫搬迁的贫困户，按省发改委、省住建厅确认的搬迁安置房相关标准执行。	达标☑　　未达标☐ （原因：＿＿＿＿）。
7	乡镇复核意见	经复核，该户达到脱贫标准。： 复核人（签名）：　　　　　　　　　　　　　　　　2017 年 7 月 20 日	
8	农户确认	本户已达到脱贫标准。 户主签名：　　　　　　　　　　　　　　　　　　2017 年 7 月 20 日	
9	村级公示情况	该户已于 2017 年 7 月 22 日－29 日进行公示，公示无异议。 　　　　　　　　　　　　　　　　　　　　乡镇盖章	

说明： 1.此表一式 3 份，村委会、乡镇人民政府、县市区扶贫办各存 1 份。

131

一家人的生活越过越好了

龙和花出生于 1968 年，丈夫杨胜章出生于 1962 年，一子一女均已结婚。

2014 年以前，夫妻二人在家务农，主要种植水稻、玉米、红薯、黄豆等，养一两头猪，务农所得只够自家吃，家庭开销主要靠丈夫做木工、零工所得。除了照顾年迈的公公婆婆，他们还要照顾患有严重精神疾病的小叔子（兜底保障户杨胜忠，已并入杨胜章户籍），日子过得很拮据。

儿子杨斌是村里最年轻的党员，2013 年底回村发展。他在附近集市上开了一家五金店，做起了老板，每年有稳定的收入。2018 年杨斌娶妻生子，全家四代同堂。

旅游公司正式运营后，跟团来村里的游客大大增加，村民办的农家乐接待能力有限，很难高质量接待几百人的团队，村里急需一个容量大、环境好、服务好的大型餐厅。2019 年 8 月 1 日，村集体所有的思源餐厅正式营业，大堂设有 20 桌，还有两个包厢。餐厅常年聘请 6 个员工，分别为主厨、副厨、前台、会计和两个服务员。

2019 年 8 月，干了几十年农活的龙和花到思源餐厅上班。餐厅刚开业的时候，她还不会摆放碗筷。经过培训，踏实肯干、任劳任怨的她进步很快，不到三个月，就能非常麻利地做好上餐、收碗筷、洗碗等工作。餐厅员工工资与营业额成正比，随着餐厅的生意越来越红火，她的工资也越来越高。2020 年 8 月，她拿到了上班后的最高工资：5836.19 元。

龙和花心声

一家人的生活越过越好了。我们两口子想多存些养老钱，儿子两口子打算在吉首买套房，这样，小孙子就能接受很好的教育。

198	2014	1	
永久	3	16	

1

湖南省农村扶贫对象

档

案

户主姓名：隆寿珍

花垣 县（市、区）排碧 乡镇 十八洞 村

申请日期：2014 年 3 月 4 日

户主姓名：隆寿珍

湖南省农村扶贫对象申请审批表

___十八洞___ 村委会:

　　本人姓名 _隆寿珍_ 性别 _男_ 年龄 _41_ 家庭人口 _5_ 人(其中有劳动能力的 _2_ 人),现为 _1_ 组居民,有住房面积 _120_ 平方米,房屋结构为 _木房_ 。承包责任田 _45_ 亩,责任山 _14_ 亩,责任土 _0.5_ 亩。家庭主要收入来源是 ___务工___ ,上年度大致收入 _8000_ 元。

　　因 ___缺技术,欠觉悟。___ 原因家庭困难,特申请农村扶贫对象户待遇。

申请人签字: 隆寿珍

2014年 3 月 4 日

审批意见	村评议小组评议情况	根据 _隆寿珍_ 户的申请,我们于 _2014_ 年 _2_ 月 _21_ 日对申请户进行民主了评议,参加评议人数 _28_ 人,该申请户得到同意票 _18_ 张,得票排位第 _15_ 名。 评议小组组长签字: 2014年 3 月 21 日	村委会评议意见	经调查并公示,该户符合扶贫对象相关条件,同意申报农村扶贫对象户。 负责人签字: 2014年 8 月 5 日(公章)
	乡镇审核意见	经核实,同意申报该户为农村扶贫对象户。 负责人签字: 2014年 8 月 28 日(公章)	县扶贫办复核意见	经复核,同意申报该户为农村扶贫对象户。 负责人签字: 2014年 9 月 6 日(公章)
	县政府审批意见	经审查,同意该户享受农村扶贫对象户待遇。 2014 年 9 月 29 日(公章)		

备注: 要求准确表述本户致贫原因,不能笼统填缺钱、缺技术。

2016年度人均纯收入计算表

贫困户签字（或盖章、按手印）：隆寿珍　　填写人：储建军

类　　别		金额（元）	备注
家庭总收入	工资性收入（打工、零工收入等）	36000	
	经营性收入（种养业、林业、二三产业等）	8000	
	财产性收入（利息收入、分红收入、土地流转收入等）	0	
	转移性收入（现金、养老金、政策性生产生活补贴、城乡亲友支付的赡养费等）	5396.3	
	小计	49396.3	
家庭总支出	家庭经营费用支出 — 农业生产支出	200	
	家庭经营费用支出 — 林业生产支出	800	
	家庭经营费用支出 — 养殖业生产支出	500	
	家庭经营费用支出 — 其他生产支出	1081	
	生产税费支出	0	
	生产性固定资产折旧	0	
	小计	2581	
贫困户家庭人均纯收入		9363	

计算周期：上年10月1日至当年9月30日。

计算方法：贫困户家庭人均纯收入＝（家庭总收入－家庭经营费用支出－税费支出－生产性固定资产折旧）÷贫困户家庭建档立卡人口数。

下列收入不列入贫困农户家庭纯收入的计算类别：社会救助(包括低保补助、受灾救助、医疗救助、教育救助、住房救助、就业救助、临时救助,其中特困人员供养除外)、慰问金、扶贫慰问物资、危房改造补助、易地搬迁补助、一次性保险赔付、移民搬迁补助、一次性抚恤金等。

2017年度人均纯收入计算表

贫困户签字（或盖章、按手印）：隆寿珍　填写人：

	类　别	金额（元）	备注
家庭总收入	工资性收入（打工、零工收入等）	40000	
	经营性收入（种养业、林业、二三产业等）	6000	
	财产性收入（利息收入、分红收入、土地流转收入等）	5000	
	转移性收入（现金、养老金、政策性生产生活补贴、城乡亲友支付的赡养费等）	5786.3	
	小计	56786.3	
家庭总支出	家庭经营费用支出　农业生产支出	1200	
	林业生产支出	400	
	养殖业生产支出	300	
	其他生产支出	2200	
	生产税费支出	0	
	生产性固定资产折旧	0	
	小计	4100	
贫困户家庭人均纯收入		10537	

计算周期：上年10月1日至当年9月30日。

计算方法：贫困户家庭人均纯收入＝（家庭总收入－家庭经营费用支出－税费支出－生产性固定资产折旧）÷贫困户家庭建档立卡人口数。

下列收入不列入贫困农户家庭纯收入的计算类别：社会救助（包括低保补助、受灾救助、医疗救助、教育救助、住房救助、就业救助、临时救助，其中特困人员供养除外）、慰问金、扶贫慰问物资、危房改造补助、易地搬迁补助、一次性保险赔付、移民搬迁补助、一次性抚恤金等。

2018年贫困户收入计算表

户主姓名：隆寿珍　　家庭地址：_____乡（镇）小河村　一　组　　　　单位：人、元

序号	项目名称	计算方法及组成部分	数值
1	农民人均纯收入	农民人均纯收入＝（家庭总收入－家庭经营费用支出－税费支出－生产性固定资产折旧）/农村居民家庭人口。保留整数。1＝（3-19-22-23）/2	1745
2	一、农村居民家庭人口		5
3	二、家庭总收入	家庭总收入＝工资性收入＋经营性收入＋财产性收入＋转移性收入，即：3=4+5+6+9	5958
4	（一）工资性收入	外出务工的所有工资收入，按务工月数*月均工资*人数。	48000
5	（二）经营性收入	主要指农户以家庭为生产经营单位，通过生产经营活动取得的收入。分为农业、林业、牧业、渔业、工业、建筑业以及第三产业	1000
6	（三）财产性收入	家庭拥有的动产（如银行存款、有价证券）和不动产（如房屋、车辆、收藏品等）所获得的收入。6=7+8	5000
7	1.各种经济组织分红	村集体、合伙企业、各种专业合作社对农户的分红。	5000
8	2.土地流转收入	把田土出租给其他个人或经济组织获得租金。	
9	（四）转移性收入	是指国家、帮扶单位、社会团体对贫困户的补助补贴。9=10+11+12+13+14+15+16+17+18	6158
10	1.计划生育金	实行计划生育的独生子女父母、两女户的奖励。	~~5958~~
11	2.生态补偿金	护林员、退耕还林、生态公益林、荒山造林等相关补助	2138
12	3.教育助学补助	教育助学生活补助	3000
13	4.政策性生产补贴	粮食补贴、农资综合补贴、农机具补贴	
14	5.特困人员供养金	无劳动能力、无生活来源、无法定赡养扶养义务人、残疾人和未成年人	
15	6.赡养收入	子女按月或按年送给老人的生活费用	
16	7.养老金	年满60岁按月领取	1020
17	8.低保金	民政部门确定的低保户按月领取的低保补助	
18	9.其他		
19	三、家庭经营费用支出	各类生产经营活动成本性开支。19=20+21	400
20	1.生产经营成本支出	购买种子、苗木、化肥、农药、畜禽种苗的成本	400
21	2.生产经营雇工支出	请人插秧、打谷、采摘等开支。	
22	四、税费支出	向信用社或个人借贷款而需支付的利息等。	0
23	五、生产性固定资产折旧	各种农机器具、大棚、烟叶烤棚等生产工具，每年消耗损失的费用。	0

贫困户签名：隆寿珍　　调查人签名：费勇　　时间：2018年　10月30日

计算周期：上年10月1日至当年9月30日。

下列收入不列入贫困农户家庭纯收入的计算类别：社会救助、慰问金、扶贫慰问物资、危房改造补助、易地搬迁补助、一次性保险赔付、移民搬迁补助、一次性抚恤金等。

注释：

隆寿珍家于 2016 年脱贫，当年人均纯收入 9363 元。

从收入计算表可知，隆寿珍家的主要收入是工资性收入。2017 年，隆寿珍妻子杨巧珍被聘为十八洞苗族文化博物馆管理员，实现了在家门口就业，家庭工资性收入稳步提升。

附件4

贫困户脱贫验收表

户主姓名：隆寿珍　家庭人口：＿＿5＿人　身份证号码 43312419730118____

花垣＿＿县市区＿＿双龙＿乡镇＿双龙＿村＿1＿组 联系电话：15007414___

序号	脱贫指标	验收标准	乡镇核实
1	家庭当年农民人均纯收入稳定超过国家脱贫标准	家庭当年农民人均纯收入稳定超过国家脱贫标准。计算方法：农民人均纯收入＝（总收入－家庭经营费用支出－税费支出－生产性固定资产折旧－农村内部亲友赠送）/农村居民家庭常住人口。	人均纯收入9363元。 达标☑　未达标□（原因：＿＿＿）。
2	不愁吃	家庭成员常年食品支出由家庭自主保障或国家保障，饮水安全达标。	达标☑ 未达标□（原因：＿＿＿）。
3	不愁穿	家庭成员常年服装支出由家庭自主保障或国家保障。	达标☑，未达标□（原因：＿＿＿）。
4	基本医疗保障	家庭成员均参加城乡居民基本医疗保险，并享受其他医疗保障政策。	达标☑，未达标□（原因：＿＿＿）。
5	义务教育保障	适龄未成年人均能接受义务教育，没有因贫辍学的现象（因重度残疾、精神病或重大疾病等原因不能正常上学的除外），家庭成员享受其他相应教育扶贫政策。	达标☑，未达标□（原因：＿＿＿）。
6	住房安全保障	房屋场地安全，结构安全，满足正常使用要求和抗震要求，人均建筑面积不低于13平米（用于服务储藏、农具放置等辅助用房不计入面积控制要求）。属于易地扶贫搬迁的贫困户，按省发改委、省住建厅确认的搬迁安置房相关标准执行。	达标☑，未达标□（原因：＿＿＿）。
7	村民主评议意见	经村民小组推荐，村"两委"组织村民代表评议小组评议，拟确定该户为脱贫户。 评议组长签名（盖章）：_（签名）_　　村委会（盖章）： 2016年11月22日	
8	农户确认	经过自身努力和各界帮扶，本户已达到脱贫标准，现自愿退出贫困户序列。 户主签名：隆寿珍　　2016年11月23日	
9	乡镇核实（初步验收）意见	经乡镇核实（初步验收），该户达到脱贫标准。 验收核实人（签字）：_（签名）_　2016年11月31日	

说明：1.此表一式3份，村委会、乡镇人民政府、县市区扶贫办各存1份。

　　　2.村级评议组长签名（盖章）中的"评议组长"，指由群众评选或村"两委"指定的评议会议主要负责人。

　　　3."农户确认"一栏原则上由户主本人或者由18岁以上家庭主要成员签名，并按手印。

141

家里生活没什么难处

隆寿珍出生于 1973 年，妻子杨巧珍出生于 1972 年，儿子隆涛 2019 年考上益阳职业技术学院，学建筑管理。

　　2013 年以前，隆寿珍和妻子在福建打工，将儿子带在身边。他的父亲在家种地，母亲喂一两头猪，有时去山上采药（如当归、何首乌、重楼等），赶集的时候卖。一家人过年才能团聚。

　　2013 年底回乡后，隆寿珍和妻子投入所有积蓄建新房。因为缺钱，木房子只搭起了框架。

　　村里旅游业越来越好，不少单位和个人来村里租房，或作为公益推广场所，或作为产品销售场所，或为了开拓业务，或助农扶农。

　　为推广苗族手工艺品和苗族文化，吉首一家公司愿意出资帮隆寿珍把房子修好，将其建成公益性质的博物馆。隆寿珍和老板达成协议，

房子装修好后，他免 5 年租金。2017 年，十八洞苗族文化博物馆开业，二楼陈列苗族特色手工品，一楼销售苗族绣品和布艺品。杨巧珍被聘为管理员，一个月有 3000 元的工资。

隆寿珍心声

家里生活没什么难处。尤其是 2017 年以来，大家生活明显比以前更好了，寨子里很多家庭都买了小汽车。

『山货集』买卖

十八洞村的苗家腊肉、酸鱼、酸肉、野菜等独具特色，其苗家手工织布、蜡染、苗绣等仍有传承。游客们在村里不仅可以体验苗家风土人情，还可以买到苗家土特产，品尝到苗族特色小吃。

2015年开始，村民们在梨子寨自发摆摊，售卖苗家小吃。渐渐地，摆摊成为苗寨的一道风景。为了规范经营秩序，扶贫工作队和村两委经过调研，决定建设山货集市，简称"山货集"。十八洞村4个寨子，建了3个"山货集"，计划安排104个摊位：梨子寨16个、竹子寨28个、飞虫寨60个。

一大早，村里的苗族大婶、大娘们，用背篓背着米豆腐、凉粉、凉面，腊肉、干菜、小鱼干，拎着竹篓、竹篮、竹筐等，来到摆摊点，摆好货，等待游客的到来。

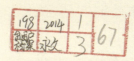

湖南省农村扶贫对象

档

案

户主姓名：龙安付

花垣 县（市、区）排碧 乡镇 十八洞 村
申请日期：2014 年 3 月 4 日

户主姓名：龙安付

湖南省农村扶贫对象申请审批表

2

十八刀洞村委会：

本人姓名 龙安付 性别 男 年龄 61 家庭人口 6 人（其中有劳动能力的 3 人），现为 4 组居民，有住房面积 120 平方米，房屋结构为 木房 。承包责任田 2.80 亩，责任山 125 亩，责任土 1.11 亩。家庭主要收入来源是 务农 ，上年度大致收入 6800 元。

因 残疾 原因家庭困难，特申请农村扶贫对象户待遇。

申请人签字：龙安付

2014 年 3 月 4 日

审批意见	村评议小组评议情况	根据 龙安付 户的申请，我们于 2014 年 2 月 21 日对申请户进行民主评议，参加评议人数 28 人，该申请户得到同意票 11 张，得票排位第 15 名。 评议小组组长签字：施妃 2014 年 2 月 21 日	村委会评议意见	经调查并公示，该户符合扶贫对象相关条件，同意申报农村扶贫对象户。 负责人签字：施进兰 2014 年 8 月 5 日（公章）
	乡镇审核意见	经核实，同意申报该户为农村扶贫对象户。 负责人签字：吴永宏 2014 年 8 月 28 日（公章）	县扶贫办复核意见	经复核，同意申报该户为农村扶贫对象户。 负责人签字：潘芦为 2014 年 9 月 6 日（公章）
	县政府审批意见	经审查，同意该户享受农村扶贫对象户待遇。 2014 年 9 月 29 日（公章）		

备注：要求准确表述本户致贫原因，不能笼统填缺钱、缺技术。

148

家 庭 情 况

户主姓名	龙安付	性别	男	
家庭人口	6	民族	苗族	
出生时间	1953 年 上 月 6 日			
联系电话	1520076			
识别标准	国家标准			
家庭住址	花垣县排碧乡十八洞村4组			
贫困户属性	一般贫困户			
主要致贫原因	缺技术			
耕地面积（亩）	4.91	林地面积（亩）	12.5	
牧草地面积（亩）	0	住房面积（平方米）	120	

1

149

家 庭 成 员

姓　名	公民身份号码 或残疾证号码	与户主 关系	劳动能力
龙安付	43312K 19530506...	户主	无劳动力
杨春妹	4331.24 19551123...	配偶	普通劳动力
龙先全	433124 19830P27...	之子	普通劳动力
龙欣雨	433124 20100617...	之孙女	无劳动力
隆燕	433124 19850780...	之儿媳	普通劳动力
龙欣蕃	433124 20140422...	之孙女	无劳动力

帮 扶 责 任 人

姓　名	单位名称	单位隶属关系	联系电话
吴进华	县扶贫开发办主任科员	县直	13794301...
龙顺桂	县扶贫办	县直	13794301...

2

帮 扶 成 效

时间	成 效 内 容	签字
2014年	1. 发展猕猴桃支持财扶资金18000元、113工程支持100元购买冬桃10株、种植收入3500元	龙安付
	2. 家庭成员务工年收入3000元	龙安付
	3. 医疗保险财政共补贴2280元生活补偿1209元、地方补偿700元	龙安付
	4. 思想观念转变、了解精准扶贫政策。	龙安付
	5. 农网接通入户、自来水入户厨。	龙安付
2015年	1. 发展猕猴桃支持财扶资金培管、113工程支持100元购买桃10株、花卉产业委托帮扶养金3000元、养殖收入3000元。	龙安付
		龙安付

帮 扶 成 效

时间	成 效 内 容	签字
	2. 医疗保险财政兜底补贴228元，生态补偿120元，地力补偿700元。	龙安付
	4. 家庭劳动力外出务工收入12000元。	龙安付
	5. 入户道路和房前屋后全硬化青石板。	
2016年	1. 发展养殖猴桃支持财扶项目贷款5万元，113项目支持100元折股量黄桃10株补栽、花卉产业看护帮扶受益2400元，养殖收入3000元。	龙安付
		龙安付
	2. 外出务工年收入20000元。	龙安付
	3. 医疗保险财政补贴216元，住院补偿1050元。	龙安付
	4. 生态补偿120元、地力补偿700元，助学500元。	龙安付

9

152

帮扶成效

时间	成 效 内 容	签字
	5. 思想观念特别切实转变,理解精准扶贫政策。	龙安付
	6. 助学500元.	龙安付
2017年	1. 发展猕猴桃获分红6000元. 113工程获领取桃款及领款1350元. 种养菜收入3500元.	龙安付
	2. 医疗保险财政补贴960元. 住院补偿881元.	龙安付
	3. 生态补贴1209元. 耕地力保. 良种补贴700元.	龙安付
	4. 思想观念特别切实转变,逐知精准扶贫政策.	龙安付
	5. 教育扶贫. 1500元. 养老金2040元. 务工收入25000元.	龙安付

10

帮扶成效

时间	成效内容	签字
	6.获得慈保,资助360元。	龙安付
20l8年	1.交通疗保险以报补贴6x保险630元。	龙安付
	2.生态补贴120元,耕地力保、良种补贴700元。	龙安付
	3.思想观念逐渐转变,脱贫致富动力足。	龙安付
	4.务工收入30000元。	龙安付
	5.房屋改造美观、性。	龙安付
	6.获得慈保,资助360元。	龙安付
20l8年	1.获得扶贫搬迁分红共7200元。 2.手足口村统一缴13保险 农村养老保险金人均200元。	

3.生产经营性收入5000元

帮扶成效

时间	成效内容	签字
2019	获教育助学补助4000元	
	获生态补偿金2145元	
	获养老金2472元	
	获土地流转收入3346元	

12

附件4

贫困户脱贫验收表

户主姓名：龙安付　家庭人口：6 人　身份证号码：43312419530506 ___

花垣 县市区　双龙 乡镇　十八洞 村 4 组　联系电话：15000700___

序号	脱贫指标	验收标准	乡镇核实
1	家庭当年农民人均纯收入稳定超过国家脱贫标准	家庭当年农民人均纯收入稳定超过国家脱贫标准。计算方法：农民人均纯收入＝（总收入－家庭经营费用支出－税费支出－生产性固定资产折旧－农村内部亲友赠送）/农村居民家庭常住人口。	人均纯收入 4421 元。 达标☑　未达标□ （原因：___ ）。
2	不愁吃	家庭成员常年食品支出由家庭自主保障或国家保障,饮水安全达标。	达标☑ 未达标□ （原因：___ ）。
3	不愁穿	家庭成员常年服装支出由家庭自主保障或国家保障。	达标☑　未达标□ （原因：___ ）。
4	基本医疗保障	家庭成员均参加城乡居民基本医疗保险,并享受其他医疗保障政策。	达标☑,　未达标□ （原因：___ ）。
5	义务教育保障	适龄未成年人均能接受义务教育, 没有因贫辍学的现象（因重度残疾、精神病或重大疾病等原因不能正常上学的除外）, 家庭成员享受其他相应教育扶贫政策。	达标☑,　未达标□ （原因：___ ）。
6	住房安全保障	房屋场地安全, 结构安全, 满足正常使用要求和抗震要求, 人均建筑面积不低于13平米(用于服务储藏、农具放置等辅助用房不计入面积控制要求)。属于易地扶贫搬迁的贫困户, 按省发改委、省住建厅确认的搬迁安置房相关标准执行。	达标☑,　未达标□ （原因：___ ）。
7	村民主评议意见	经村民小组推荐, 村"两委"组织村民代表评议小组评议, 拟确定该户为脱贫户。 评议组长签名（盖章）： _签名_ 2016年11月22日	村委会（盖章）：
8	农户确认	经过自身努力和各界帮扶, 本户已达到脱贫标准, 现自愿退出贫困户序列。 户主签名： _龙安付_ 2016年11月23日	
9	乡镇核实（初步验收）意见	经乡镇核实（初步验收）, 该户达到脱贫标准。 验收核实人（签字）： _签名_ 2016年11月31日	

说明： 1.此表一式3份, 村委会、乡镇人民政府、县市区扶贫办各存1份。

2.村级评议组长签名（盖章）中的"评议组长", 指由群众评选或村"两委"指定的评议会议主要负责人。

3."农户确认"一栏原则上由户主本人或者由18岁以上家庭主要成员签名。

在家门口做生意

龙安付出生于 1953 年，老伴杨春妹出生于 1955 年，两人育有一儿一女。

2014 年以前，老两口在家种地，还养点鸡，儿子在浙江打工，全家全年收入除掉花销，所剩无几。在精准扶贫的帮扶下，孙女读书有教育补贴，家里进行了改厨和改厕，还有建档立卡户的医疗补助，加上儿子儿媳外出打工，全家日子越过越好了。

随着旅游产业的发展，游客越来越多，村里不少老人开始在"山货集"摆摊卖货。2019 年初，杨春妹加入其中，一开始卖腊肉、腊肠、干菜等自家产的农产品，现在还进货销售。她的摊位上货物品种很多，除了腊肉、腊肠、干菜、黄豆、红豆，还有梨子、黄桃、十八洞山泉水、布鞋、斗笠、背篓、竹篮等。布鞋是过年时儿子帮她在吉首进的货，斗笠、背篓、竹篮和水果等，则是她自己去镇上进货。

摆摊卖货前，杨春妹一点也不会说普通话，也不大能听懂普通话。现在，游客们来到摊位上，她会不自觉地学着用普通话交流。虽然很吃力，也只能讲几个词语，但是她已经习惯用夹杂着普通话字词的苗语向游客们介绍货品。她一般一天能卖出几十上百元货物，生意好则卖出一两百元货物。老伴龙安付在家种点地，帮忙带孙子，做后勤工作。

杨春妹心声

> 我自己身体好，进货卖货都不累。没想到我们老人家还能在家门口做生意，赚点零用钱。盼着村里的旅游越做越好。

198	2014	1	83.
负回 档案	永久	3	

1

湖南省农村扶贫对象

档

案

户主姓名：施照发

花垣 县（市、区）排碧 乡镇 十八洞 村
申请日期：2014 年 3 月 4 日

户主姓名：施照发

湖南省农村扶贫对象申请审批表

2

十八湾 村委会：

　　本人姓名 施照发 性别 男 年龄 42 家庭人口 4 人（其中有劳动能力的 2 人），现为 4 组居民，有住房面积 120 平方米，房屋结构为 木房 。承包责任田 1.1 亩，责任山 0 亩，责任土 0.7 亩。家庭主要收入来源是 务农 ，上年度大致收入 4800 元。

　　因 学生上学 原因家庭困难，特申请农村扶贫对象户待遇。

　　　　　　　　　　　　　　　　　申请人签字：施照发

　　　　　　　　　　　　　　　　　2014年 3 月 4 日

审批意见	村评议小组评议情况	根据 施照发 的申请，我们于 2014年 2 月 21 日对申请户进行民主了评议，参加评议人数 28 人，该申请户得到同意票 11 张，得票排位第 15 名。 评议小组组长签字： 2014年 3 月 21 日	村委会评议意见	经调查并公示，该户符合扶贫对象相关条件，同意申报农村扶贫对象户。 负责人签字：施进兰 2014 年 8 月 5 日（公章）
	乡镇审核意见	经核实，同意申报该户为农村扶贫对象户。 负责人签字：吴永霖 2014年 8 月 28 日（公章）	县扶贫办复核意见	经复核，同意申报该户为农村扶贫对象户。 负责人签字：张声久 2014 年 9 月 6 日（公章）
	县政府审批意见	经审查，同意该户享受农村扶贫对象户待遇。 2014年 9 月 29 日（公章）		

备注：要求准确表述本户致贫原因，不能笼统填缺钱、缺技术。

160

2016 年度人均纯收入计算表

贫困户签字（或盖章、按手印）：施照省　　填写人：樊建军

	类　别	金额（元）	备注
家庭总收入	工资性收入（打工、零工收入等）	18000	
	经营性收入（种养业、林业、二三产业等）	4000	
	财产性收入（利息收入、分红收入、土地流转收入等）	0	
	转移性收入（现金、养老金、政策性生产生活补贴、城乡亲友支付的赡养费等）	1250	
	小计	23250	
家庭总支出	家庭经营费用支出　农业生产支出	1200	
	林业生产支出	0	
	养殖业生产支出	0	
	其他生产支出	0	
	生产税费支出	0	
	生产性固定资产折旧	0	
	小计	1200	
贫困户家庭人均纯收入		5512.5	

计算周期：上年 10 月 1 日至当年 9 月 30 日。

计算方法：贫困户家庭人均纯收入＝（家庭总收入－家庭经营费用支出－税费支出－生产性固定资产折旧）÷贫困户家庭建档立卡人口数。

下列收入不列入贫困农户家庭纯收入的计算类别：社会救助（包括低保补助、受灾救助、医疗救助、教育救助、住房救助、就业救助、临时救助，其中特困人员供养除外）、慰问金、扶贫慰问物资、危房改造补助、易地搬迁补助、一次性保险赔付、移民搬迁补助、一次性抚恤金等。

2018年贫困户收入计算表

户主姓名: 施照发　　家庭地址: 双长 乡（镇）十八洞 村 四 组　　　　单位: 人、元

序号	项目名称	计算方法及组成部分	数值
1	农民人均纯收入	农民人均纯收入=（家庭总收入-家庭经营费用支出-税费支出-生产性固定资产折旧）/农村居民家庭人口。保留整数。1=（3-19-22-23）/2	8202
2	一、农村居民家庭人口		4
3	二、家庭总收入	家庭总收入=工资性收入+经营性收入+财产性收入+转移性收入，即：3=4+5+6+9	33806.64
4	（一）工资性收入	外出务工的所有工资收入，按务工月数*月均工资*人数。	20000
5	（二）经营性收入	主要指农户以家庭为生产经营单位，通过生产经营活动取得的收入。分为农业、林业、牧业、渔业、工业、建筑业以及第三产业	5750
6	（三）财产性收入	家庭拥有的动产（如银行存款、有价证券）和不动产（如房屋、车辆、收藏品等）所获得的收入。6=7+8	4000
7	1.各种经济组织分红	村集体、合伙企业、各种专业合作社对农户的分红。	4000
8	2.土地流转收入	把田土出租给其他个人或经济组织获得租金。	
9	（四）转移性收入	是指国家、帮扶单位、社会团体对贫困户的补助补贴。9=10+11+12+13+14+15+16+17+18	4056.64
10	1.计划生育金	实行计划生育的独生子女父母、两女户的奖励。	
11	2.生态补偿金	护林员、退耕还林、生态公益林、荒山造林等相关补助	
12	3.教育助学补助	教育助学生活补助	4056.64
13	4.政策性生产补贴	粮食补贴、农资综合补贴、农机具补贴	
14	5.特困人员供养金	无劳动能力、无生活来源、无法定赡养扶养义务人、残疾人和未成年人	
15	6.赡养收入	子女按月或按年送给老人的生活费用	
16	7.养老金	年满60岁按月领取	
17	8.低保金	民政部门确定的低保户按月领取的低保补助	
18	9.其他		
19	三、家庭经营费用支出	各类生产经营活动成本性开支。19=20+21	1000
20	1.生产经营成本支出	购买种子、苗木、化肥、农药、畜禽种苗的成本	1000
21	2.生产经营雇工支出	请人插秧、打谷、采摘等开支。	
22	四、税费支出	向信用社或个人借贷款而需支付的利息等。	
23	五、生产性固定资产折旧	各种农机器具、大棚、烟叶烤棚等生产工具，每年消耗损失的费用。	

贫困户签名: 施照发　调查人签名: 　　　时间: 2018年 10月 10日

计算周期: 上年10月1日至当年9月30日。

下列收入不列入贫困农户家庭纯收入的计算类别: 社会救助、慰问金、扶贫慰问物资、危房改造补助、易地搬迁补助、一次性保险赔付、移民搬迁补助、一次性抚恤金等。

附件 2-2：

2019 年贫困户收入计算表

户主姓名：纪熙发　家庭地址：双龙乡（镇）十八洞村 4 组　　　单位：人、元

序号	项目名称	计算方法及组成部分	数值
1	农民人均纯收入	农民人均纯收入＝（家庭总收入－家庭经营费用支出－税费支出－生产性固定资产折旧）/农村居民家庭人口。保留整数。1=（3-19-22-23）/2	6575
2	一、农村居民家庭人口		4
3	二、家庭总收入	家庭总收入＝工资性收入＋经营性收入＋财产性收入＋转移性收入，即：3=4+5+6+9	26300
4	（一）工资性收入	外出务工的所有工资收入，按务工月数*月均工资*人数。	6000
5	（二）经营性收入	主要指农户以家庭为生产经营单位，通过生产经营活动取得的收入。分为农业、林业、牧业、渔业、工业、建筑业以及第三产业	12000
6	（三）财产性收入	家庭拥有的动产（如银行存款、有价证券）和不动产（如房屋、车辆、收藏品等）所获得的收入。6=7+8	4800
7	1.各种经济组织分红	村集体、合伙企业、各种专业合作社对农户的分红。	4800
8	2.土地流转收入	把田土出租给其他个人或经济组织获得租金。	0
9	（四）转移性收入	是指国家、帮扶单位、社会团体对贫困户的补助补贴。9=10+11+12+13+14+15+16+17+18	3500
10	1.计划生育金	实行计划生育的独生子女父母、两女户的奖励。	0
11	2.生态补偿金	护林员、退耕还林、生态公益林、荒山造林等相关补助	0
12	3.教育助学补助	教育助学生活补助	3500
13	4.政策性生产补贴	粮食补贴、农资综合补贴、农机具补贴	0
14	5.特困人员供养金	无劳动能力、无生活来源、无法定赡养扶养义务人、残疾人和未成年人	0
15	6.赡养收入	子女按月或按年送给老人的生活费用	0
16	7.养老金	年满60岁按月领取	0
17	8.低保金	民政部门确定的低保户按月领取的低保补助	0
18	9.其他		0
19	三、家庭经营费用支出	各类生产经营活动成本性开支。19=20+21	0
20	1.生产经营成本支出	购买种子、苗木、化肥、农药、畜禽种苗的成本	0
21	2.生产经营雇工支出	请人插秧、打谷、采摘等开支。	0
22	四、税费支出	向信用社或个人借贷款而需支付的利息等。	0
23	五、生产性固定资产折旧	各种农机器具、大棚、烟叶烤棚等生产工具，每年消耗损失的费用。	0

贫困户签名：纪熙发　调查人签名：　　　　时间：2019 年 10 月 4 日

计算周期：2018 年 10 月 1 日-2019 年 9 月 30 日。

下列收入不列入贫困农户家庭纯收入的计算类别：社会救助、慰问金、扶贫慰问物资、危房改造补助、易地搬迁补助、一次性保险赔付、移民搬迁补助、一次性抚恤金等。

注释：

施照发家于 2016 年脱贫。当年人均纯收入为 5512.5 元。

从收入计算表可知，施照发家的收入 2019 年之前以务工收入为主，经营性收入为辅；2019 年转为以经营性收入为主，务工收入为辅，而经营性收入主要是摆摊所得。

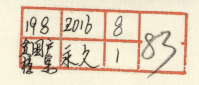
附件 4

贫困户脱贫验收表

户主姓名：__施照发__ 家庭人口：__4__ 人　　身份证号码：43312419700205、‥__

__花垣__ 县市区　__双龙__ 乡镇　__双龙__ 村　__4__ 组　　联系电话：15907412‥,,

序号	脱贫指标	验 收 标 准	乡镇核实
1	家庭当年农民人均纯收入稳定超过国家脱贫标准	家庭当年农民人均纯收入稳定超过国家脱贫标准。计算方法：农民人均纯收入＝（总收入－家庭经营费用支出－税费支出－生产性固定资产折旧－农村内部亲友赠送）/农村居民家庭常住人口。	人均纯收入 __5512.5__ 元。 达标☑　　未达标口 （原因：_____）。
2	不愁吃	家庭成员常年食品支出由家庭自主保障或国家保障,饮水安全达标。	达标☑ 未达标口 （原因：_____）。
3	不愁穿	家庭成员常年服装支出由家庭自主保障或国家保障。	达标☑,　　未达标口 （原因：_____）。
4	基本医疗保障	家庭成员均参加城乡居民基本医疗保险,并享受其他医疗保障政策。	达标☑,　　未达标口 （原因：_____）。
5	义务教育保障	适龄未成年人均能接受义务教育，没有因贫辍学的现象（因重度残疾、精神病或重大疾病等原因不能正常上学的除外），家庭成员享受其他相应教育扶贫政策。	达标☑,　　未达标口 （原因：_____）。
6	住房安全保障	房屋场地安全，结构安全，满足正常使用要求和抗震要求，人均建筑面积不低于 13 平米(用于服务储藏、农具放置等辅助用房不计入面积控制要求)。属于易地扶贫搬迁的贫困户，按省发改委、省住建厅确认的搬迁安置房相关标准执行。	达标☑,　　未达标口 （原因：_____）。
7	村民主评议意见	经村民小组推荐，村"两委"组织村民代表评议小组评议，拟确定该户为脱贫户。 评议组长签名（盖章）：　　　　　　　2016 年 11 月 27 日	村委会（盖章）
8	农户确认	经过自身努力和各界帮扶，本户已达到脱贫标准，现自愿退出贫困户序列。 户主签名：施照发　　2016 年 11 月 23 日	
9	乡镇核实（初步验收）意见	经乡镇核实（初步验收），该户达到脱贫标准。 验收核实人（签字）：　　　　　2016 年 11 月 31 日	

说明：1.此表一式 3 份，村委会、乡镇人民政府、县市区扶贫办各存 1 份。

　　　2.村级评议组长签名（盖章）中的"评议组长"，指由群众评选或村"两委"指定的评议会议主要负责人。

　　　3."农户确认"一栏原则上由户主本人或者由 18 岁以上家庭主要成员签名，并按手印。

反正每天都干活

石远女是竹子寨媳妇，出生于 1975 年，她的丈夫施照发出生于 1970 年，他们育有两子，一个读中学，一个读小学。施照发有轻度残疾，2019 年办了残疾证，当时残联一次性补助了 10000 元。

施照发有三兄弟，他是老大，婚后自建房屋，独立居住。为了建房，夫妻俩长期在外打工，因没什么文化，工资很低，平时省吃俭用，将所有积蓄都投到了房子上。

2014 年以后，村里通了自来水，供电稳定了，交通方便了，成了旅游景区。施照发和石远女不再外出打工，石远女摆摊卖农产品，施照发种地，农闲时在家附近做点零工。家中田里种了两亩多水稻，地里种了玉米、辣椒、茄子、豆角等，米和菜基本能保障。

2018 年，湖南大学设计研究院为全村做旅游规划，将竹子寨和梨子寨绑定，作为十八洞村主推的旅游观光线路。紧接着，连接梨子寨和竹子寨的游步道建成，供游客漫步，欣赏田园风光。石远女家在游步道旁边，是游客们歇脚的好地方。2018 年 9 月，湖南机电学院公益性地为十八洞村村民家做旅游接待业务的形象设计，免费为石远女家设计了招牌——舌尖上的苗寨，还帮助她家修建了新的厨房。石远女开始在家里摆摊，卖茶水、小吃和农产品。村里在梨子寨和竹子寨统一修建"山货集"后，石远女开始到竹子寨"山货集"摆摊。冬天和春天石远女主要卖腊肉，夏天和秋天主要卖水果，如村里自产的黄桃和猕猴桃等。石远女大方、热情，很会招揽顾客。

2017 年，石远女家被确认为危房改造户，政府对其房屋进行了改造。2019 年，她家花了两万多元，进一步将房子修整好。她家的两个孩子都有教育扶贫的补贴。自 2017 年开始，她家每年都拿到了猕猴桃分红。

石远女心声

反正每天都干活，先考虑眼前，自古以来都是这样，一代帮一代做。

湖南省农村扶贫对象

档

案

户主姓名：隆正加

花垣 县（市、区） 排碧 乡镇 十八洞 村

申请日期：2014 年 3 月 4 日

户主姓名：隆正加

2

湖南省农村扶贫对象申请审批表

十八洞 村委会：

　　本人姓名 隆正九 性别 男 年龄 68 家庭人口 3 人（其中有劳动能力的 1 人），现为 2 组居民，有住房面积 120 平方米，房屋结构为 木房 。承包责任田 0.6 亩，责任山 6 亩，责任土 2.18 亩。家庭主要收入来源是 务农、打零工 ，上年度大致收入 1700 元。

　　因 缺劳力、缺资金 原因家庭困难，特申请农村扶贫对象户待遇。

申请人签字：隆正九

2014年 3 月 4 日

审批意见	村评议小组评议情况	根据 隆正九 户的申请，我们于 2014年 2 月 21 日对申请户进行民主了评议，参加评议人数 28 人，该申请户得到同意票 12 张，得票排位第 21 名。 评议小组组长签字： 2014年 3 月21日	村委会评议意见	经调查并公示，该户符合扶贫对象相关条件，同意申报农村扶贫对象户。 负责人签字：施世兰 2014年 8 月 5 日（公章）
	乡镇审核意见	经核实，同意申报该户为农村扶贫对象户。 负责人签字： 2014年 8 月28日（公章）	县扶贫办复核意见	经复核，同意申报该户为农村扶贫对象户。 负责人签字： 2014年 9 月 6 日（公章）
	县政府审批意见		经审查，同意该户享受农村扶贫对象户待遇。 2014年 9 月 29日（公章）	

备注： 要求准确表述本户致贫原因，不能笼统填缺钱、缺技术。

170

家 庭 情 况

户主姓名	隆正加	性别	男	
家庭人口	3	民族	苗族	
出生时间	1946年 10 月 28 日			
联系电话	11340635..			
识别标准	国家标准			
家庭住址	花垣县排碧乡十八洞村2组			
贫困户属性	一般贫困户			
主要致贫原因	缺劳力			
耕地面积（亩）	2.78	林地面积（亩）	6	
牧草地面积（亩）	0	住房面积（平方米）	120	

1

家 庭 成 员

姓　名	公民身份号码 或残疾证号码	与户主 关系	劳动能力
隆正加	433124194610128…	户主	无劳力
龙美菊	433124195111106…	配偶	无劳力
隆辉	433124198202010…	儿	普通劳动力（
隆瑞晗	43312420190401…	孙女	无劳动力（新出生）

帮 扶 责 任 人

姓　名	单位名称	单位隶属关系	联系电话
李军	县扶贫开发办	县直	13627431…

2

帮扶成效

时间	成 效 内 容	签字
2014年	1、发展猕猴桃种植产业支持财扶资金3000元，1132工程获得支持200元收购黄果树苗10株苗	隆正加
	2、外出务工年收入达2000元，种养木直2100元	隆正加
	3、交医疗保护金家庭按照发60元/人，财政补贴320元/人，获得财政补贴交保护金960元	隆正加
	4、了解了精准扶贫政策	隆正加
	5、饮用管道水、自来水入户入厨	隆正加
	6、养老金1320元，转移支付1414元	隆正加
2015年	1、支持财扶资金培管猕猴桃种植、113工程获支持200元收购黄果树苗10株，花卉产业看才毛帮扶受益1500元	隆正加

8

帮 扶 成 效

时间	成 效 内 容	签字
	2.交医疗保险个人缴费90元/人、财政补贴380元/人、财政补贴占交保中金1140元	隆正加
	3.熟悉米精准扶贫政策	隆正加
	4.外出务工年收入3000元;种养殖业1800元	隆正加
	5.入户道路和房前屋后铺装成青石木板;完成民房改造	隆正加
	6.养老金1800元;生态补偿9681元	隆正加
2016年	1.发展好猴猴木14支寺财扶资金培管、113工本登款54元雏苗300度和100元购买黄本班10术结补不直并领取木班本对认领款6000元、花有意托,帮扶款受益1200元	隆正加
	2.交医疗保险个人缴费90元/人,财政补360元/人,救得财政补贴占交保中金1080元	隆正加

9

帮扶成效

时间	成效内容	签字
	3、养老金1920元，生态补偿968.1元	隆正加
	4、外出务工年收入20000元；种养殖3500元	隆正加
2017年	1、发展猕猴桃木耳分红3000元，113工程获领取木耳本对头领款800元	隆正加
	2、庭医疗保个人缴费120元/人，财政补贴480元/人，财政书补贴1440元	隆正加
	3、思想观念得到切实转变，已经了解柔青雅扶贫政策	隆正加
	4、领取养老金20440元，生态补偿868.1元	隆正加
	5、外出务工年收入22000元；种养殖收入7100元	隆正加

帮扶成效

时间	成 效 内 容	签字
	6. 享受特惠保60元/人, 共180元	隆正加
2018年	1. 支持财扶资金培管移栽油茶苗414、113工程苗共支于每100元购买茶苗410株	隆正加
	2. 交医新保中金个人缴费及亲人, 财政改补315元	隆正加
	3. 生态补偿133.6元	隆正加
	4. 享受特惠保60元, 共180元	隆正加
2019年	1. 土地入股保底金1768元 2. 猕猴桃分红3600元	隆正加
	3. 交医疗保险个人出资31, 财政补贴300元 养老保险财改补贴200元	隆正加

7.11 帮佗营林 39.25×2元   9.2 耕地保草 291.90元
9.18 耕地管 286.75   务工措施42×7000元
务工42人 13000元   养老保险金 2472元

隆正加

附件 4

贫困户脱贫验收表

户主姓名：隆正加 家庭人口： 3 人 身份证号码：43312419461028＿＿＿

花垣 县市区 双龙 乡镇 十八洞 村 2 组 联系电话：15174357＿＿

序号	脱贫指标	验 收 标 准	乡镇核实
1	家庭当年农民人均纯收入稳定超过国家脱贫标准	家庭当年农民人均纯收入稳定超过国家脱贫标准。计算方法：农民人均纯收入＝（总收入－家庭经营费用支出－税费支出－生产性固定资产折旧－农村内部亲友赠送）/农村居民家庭常住人口。	人均纯收入 8863 元。 达标☑ 未达标☐ （原因：＿＿＿）。
2	不愁吃	家庭成员常年食品支出由家庭自主保障或国家保障,饮水安全达标。	达标☑ 未达标☐ （原因：＿＿＿）。
3	不愁穿	家庭成员常年服装支出由家庭自主保障或国家保障。	达标☑,未达标☐ （原因：＿＿＿）。
4	基本医疗保障	家庭成员均参加城乡居民基本医疗保险,并享受其他医疗保障政策。	达标☑,未达标☐ （原因：＿＿＿）。
5	义务教育保障	适龄未成年人均能接受义务教育,没有因贫辍学的现象（因重度残疾、精神病或重大疾病等原因不能正常上学的除外）,家庭成员享受其他相应教育扶贫政策。	达标☑,未达标☐ （原因：＿＿＿）。
6	住房安全保障	房屋场地安全,结构安全,满足正常使用要求和抗震要求,人均建筑面积不低于 13 平米(用于服务储藏、农具放置等辅助用房不计入面积控制要求)。属于易地扶贫搬迁的贫困户,按省发改委、省住建厅确认的搬迁安置房相关标准执行。	达标☑,未达标☐ （原因：＿＿＿）。
7	村民主评议意见	经村民小组推荐,村"两委"组织村民代表评议小组评议,拟确定该户为脱贫户。 评议组长签名（盖章）： 2016年11月 日	村委会（盖章）：
8	农户确认	经过自身努力和各界帮扶,本户已达到脱贫标准,现自愿退出贫困户序列。 户主签名 隆正加 2016年11月 日	
9	乡镇核实（初步验收）意见	经乡镇核实（初步验收）,该户达到脱贫标准。 验收核实人（签字）： 2016年11月31日	

说明： 1.此表一式 3 份,村委会、乡镇人民政府、县市区扶贫办各存 1 份。

2.村级评议组长签名（盖章）中的"评议组长",指由群众评选或村"两委"指定的评议会议主要负责人。

3."农户确认"一栏原则上由户主本人或者由 18 岁以上家庭主要成员签名,并按手印。

希望游客越来越多

隆正加和妻子龙美菊育有三个儿子一个女儿，均已结婚，老两口和小儿子隆辉住一起。隆辉出生于 1982 年，他的妻子时艳出生于 1987 年，他俩 2018 年结婚，育有一女。

　　隆正加以前养过牛、羊和猪，还种了一亩水稻，供自家口粮。现在，家里不养牲畜了，只种水稻。

　　农闲时，60 多岁的龙美菊会到飞虫寨停车场附近的"山货集"摆摊，卖猕猴桃、西瓜、梨子等，赚点零用钱。2019 年 6 月，时艳也开始在"山货集"摆摊，主要销售"十八洞村"文化衫，同时售卖遮阳帽、苗家工艺品等。印上"十八洞村"标志的文化衫，一般零售价是 80 元 / 件。在众多纪念品中，它们很受游客的欢迎，不少人会买一两件做纪念。生意好时，她一天能卖十几件文化衫。2019 年，她每个月有一两千元收入；2020 年初，受新冠肺炎疫情影响，收入有所减少，但正在逐渐恢复。

　　隆辉或在村里做零工，或在工地上做事，或帮人做防盗门窗，闲时，则帮妻子一起摆摊。

时艳心声

　　因为孩子太小，公公婆婆年迈，都要人照顾，所以我们不再外出打工。

　　现在十八洞村环境越来越美，希望游客越来越多，我们摆摊的生意也就更好。

198	2014	1	
全州档案	永久	3	118

湖南省农村扶贫对象

档

案

户主姓名：杨明聪、 ①

花垣 县（市、区）排碧 乡镇 十八洞 村

申请日期：2014 年 3 月 4 日

户主姓名：杨明聪

湖南省农村扶贫对象申请审批表

十八洞 村委会：

　　本人姓名 杨明亮 性别 男 年龄 51 家庭人口 4 人（其中有劳动能力的 4 人），现为 6 组居民，有住房面积 130 平方米，房屋结构为 木房 。承包责任田 1.89 亩，责任山 10.3 亩，责任土 1.3 亩。家庭主要收入来源是 村里务工 ，上年度大致收入 5000 元。

　　因 缺技术， 原因家庭困难，特申请农村扶贫对象户待遇。

申请人签字：杨明亮

2014 年 3 月 4 日

审批意见	村评议小组评议情况	根据 杨明亮 户的申请，我们于 2014 年 2 月 21 日对申请户进行民主了评议，参加评议人数 28 人，该申请户得到同意票 18 张，得票排位第 1 名。 评议小组组长签字： 2014 年 3 月 21 日	村委会评议意见	经调查并公示，该户符合扶贫对象相关条件，同意申报农村扶贫对象户。 负责人签字：施进金 2014 年 8 月 5 日（公章）
	乡镇审核意见	经核实，同意申报该户为农村扶贫对象户。 负责人签字：吴永宏 2014 年 8 月 28 日（公章）	县扶贫办复核意见	经复核，同意申报该户为农村扶贫对象户。 负责人签字：张部 2014 年 9 月 6 日（公章）
	县政府审批意见	经审查，同意该户享受农村扶贫对象户待遇。 2014 年 9 月 29 日（公章）		

备注：要求准确表述本户致贫原因，不能笼统填缺钱、缺技术。

贫困户信息采集表（2014）

（右上角手写）198　2014　3
贫困户档案　永久　3　118

一、基本信息

家庭住址：湖南省湘西州花垣县排碧乡十八洞村

联系电话：15174315□□	开户银行：排碧信用社	银行账号：9306000143445978…

A17 识别标准：☑国家标准	A18 贫困户属性（单选）：□一般贫困户 ☑低保贫困户 □五保贫困户
A19 是否军烈属：□是 ☑否	A20 是否低保兜底户：☑是 □否

二、家庭成员信息

序号	A1 姓名	A2 性别	A3 证件号码	A4 与户主关系	A5 民族	A6 政治面貌	A7 文化程度	A8 在校生状况	A9 健康状况	A10 劳动技能	A11 务工情况	A12 务工时间	A13 是否现役军人	A14 是否参加大病医疗保险	A15 是否低保人口
1	杨明充	男	43312419630125□□	户主	苗族	群众	小学	非在校生	健康	普通劳动力	本地务工	2	否	是	是
2	施配兰	女	43312419641012□□	配偶	苗族	群众	小学	非在校生	健康	普通劳动力	本地务工	2	否	是	是
3	杨进华	男	43312419930902□□	之子	苗族	群众	高中	非在校生	健康	普通劳动力	本地务工	2	否	是	是
4	杨进成	男	43312419951015□□	之子	苗族	群众	高中	非在校生	健康	普通劳动力	本地务工	2	否	是	是
5															
6															
7															
8															

三、致贫原因

A22 主要致贫原因（单选）：□因病 □因残 □因学 □因灾 □缺土地 □缺水 ☑缺技术 □缺劳动力 □缺资金 □交通条件落后 □自身发展动力不足

A23 其他致贫原因（最多选两项）：□因病 □因残 □因学 □因灾 □因婚 □缺土地 □缺水 □缺技术 □缺劳动力 □缺资金 □交通条件落后 □自身发展动力不足

四、收入情况 ②

A39 工资性收入（元）	3000	A42 转移性收入（元）	4887.95	A42d 养老保险金（元）	0
A40 生产经营性收入（元）	2800	A42a 计划生育金（元）	0	A42e 生态补偿金（元）	287.95
A41 财产性收入（元）	0	A42b 低保金（元）	4320	A42f 其他转移性收入（元）	280
A42c 五保金（元）	0	A43 生产经营性支出（元）	1467		

五、生产生活条件

A24 耕地面积（亩）	2.19	A28 是否通生产用电	是	A35 主要燃料类型	柴草
A24a 有效灌溉面积（亩）	1.89	A29 与村主干路距离（公里）	0.1	A36 是否加入农民专业合作社	是
A25 林地面积（亩）	10.3	A30 入户路类型	水泥路	A37 有无卫生厕所	无
A25a 退耕还林面积（亩）	0.56	A31 住房面积（平方米）	130		
A25b 林果面积（亩）	0	A32 是否通生活用电	是		
A26 牧草地面积（亩）	0	A33 饮水是否困难	否		
A27 水面面积（亩）	0	A34 饮水是否安全	是		

六、帮扶责任人

序号	姓名	性别	政治面貌	帮扶单位名称	帮扶开始时间	帮扶结束时间	隶属关系	单位地址	联系电话
1	傅衍超	男		县扶贫办	2015.3		县直	花垣县	1397436□□□
2									
3									

七、易地扶贫搬迁

A44 是否搬迁户（单选）：□是 ☑否
A45 搬迁方式（单选）：□行政区整体搬迁 □自然村（村民小组）整体搬迁 □建档立卡贫困户个别搬迁
A47 安置方式（单选）：□集中安置 □分散安置
A48 安置地（单选）：□县城安置 □乡镇安置 □村内安置 □村外安置 □县外安置
A49 搬迁可能存在的困难（可多选）：□缺乏资金 □搬迁后找不到工作 □搬迁后生活没着落 □其他

填表人：田丹　联系电话：1822951□□　户主签名：杨明充　填表日期：2014年11月27日

182

2016 年收入情况②

A39 工资性收入（元）	12000	A42 转移性收入（元）		4887.95	A42d 养老保险金（元）	0
A40 生产经营性收入（元）	6400	A42a 计划生育金（元）		0	A42e 生态补偿金（元）	287.95
A41 财产性收入（元）	0	A42b 低保金（元）		4320	A42f 其他转移性收入（元）	280
A42c 五保金（元）	0	A43 生产经营性支出（元）		2667		

2017 年收入情况②

A39 工资性收入（元）	10000	A42 转移性收入（元）		567.95	A42d 养老保险金（元）	0
A40 生产经营性收入（元）	10800	A42a 计划生育金（元）		0	A42e 生态补偿金（元）	287.95
A41 财产性收入（元）	4000	A42b 低保金（元）		0	A42f 其他转移性收入（元）	280
A42c 五保金（元）	0	A43 生产经营性支出（元）		3468		

2019 年收入情况②

工资性收入(元)	18000	转移性收入(元)	813	养老保险金（元）	0
生产经营性收入（元）	5000	计划生育金（元）	0	生态补偿金（元）	813
财产性收入（元）	6816	低保金（元）	0	其他转移性收入（元）	0
资产收益扶贫分红收入(元)	4800	特困供养金（元）	0		
其他财产性收入（元）	2016	生产经营性支出（元）	2000		

注释：

① "杨明聪"为"杨明充"笔误。

②杨明充家于 2016 年脱贫。家庭主要收入是工资性收入和生产经营性收入。生产经营性收入主要是在"山货集"摆摊所得。

杨明充在打零工之余到"山货集"摆摊，所以生产经营性收入不稳定，只是赚点零用钱。

相信兄弟俩都能找到好老婆

杨明充是杨冬仕三哥的大儿子，出生于 1963 年，他的妻子施配兰出生于 1964 年，两人育有两个儿子。

杨明充一直在家务农，打理家中两三亩田和地，地里种苞谷、黄豆，田里种水稻，粮食基本够自己家吃。农闲时，他在家附近打零工。前几年，合作社流转村民的土地，准备集中种植水果或药材，他家的土地流转出去了，但因为地都分散在崇山峻岭中，不好管理，近期又被退回来了。

2015 年至今，施配兰一直在长沙打工。2020 年 3 月，杨明充开始在梨子寨的长廊里摆摊，出售梨子、李子等水果，还有一些竹艺制品，夏天也销售十八洞山泉水。因为货品种类少，每天收入不多。这是杨明充的一个副业，他在打理农作物或在周边打零工之余，通过摆摊赚点零用钱。

2014 年，精准识别贫困户时，杨明充的大儿子已经高中毕业，小儿子还在读高中，他家因学、缺技术被确认为建档立卡户，且被评为低保户。后大儿子和妻子相继外出打工，家中经济状况好转，2016 年脱贫，2017 年退出低保户。他的小儿子杨进成，2015 年考取了长沙医学院，同年应征入伍，在军队服役两年后，重回学校继续学业，用退伍费交了学费和生活费。他的大儿子杨进华在浙江打工时学习了烹饪技术，2020 年回乡后，准备在家附近找工作。

杨明充心声

希望大儿子能在家附近找到厨师工作，小儿子能学业有成，相信兄弟俩都能找到好老婆。

种植养殖

习近平总书记在十八洞村座谈时，提出要因地制宜发展生产，把种什么、养什么想明白。扶贫工作队和村两委为此做过不少尝试。一开始，他们鼓励养猪、养牛和养羊。随着乡村旅游的发展，为了保持空气清新、环境优美，2018年9月开始，村民大会决定全村禁止规模化养殖家禽家畜。他们还推广"113"工程，即每户种10棵冬桃树、10棵黄桃树，养300条稻香鱼，但是难以形成规模。

十八洞村平均海拔700米，周围群山环绕，昼夜温差较大，种植的水果甘甜可口，山林中有很多种类的野生药材。抓住这一优势，村集体尝试流转土地种黄桃和药材白芨、无患子、重楼、迷迭香等。黄桃长势喜人，药材种植也已开端，这激发了村民流转土地搞种植的热情。如今，十八洞村的黄桃种植已经初具规模，药材种植还处于探索阶段。村里还大力发展"十八洞黄金茶"产业。

十八洞村有养蜂的传统，很多人家都养了几箱蜂。扶贫工作队进村后，支持村民成立了养蜂合作社，养蜂实现了产业化。

湖南省农村扶贫对象

档

案

户主姓名： 施树林

花垣 县（市、区）排碧 乡镇 十八洞 村

申请日期：2014 年 3 月 4 日

户主姓名：施树林

湖南省农村扶贫对象申请审批表

2

十八<del>到</del>村委会：

本人姓名 施树枝 性别 男 年龄 43 家庭人口 4 人（其中有劳动能力的 1 人），现为 4 组居民，有住房面积 120 平方米，房屋结构为 木房 。承包责任田 1.5 亩，责任山 10 亩，责任土 0.3 亩。家庭主要收入来源是 务农 ，上年度大致收入 4000 元。

因 病 原因家庭困难，特申请农村扶贫对象户待遇。

申请人签字：施树枝

2014 年 3 月 4 日

审批意见	村评议小组评议情况	根据 施树枝 户的申请，我们于 2014 年 2 月 21 日对申请户进行民主了评议，参加评议人数 28 人，该申请户得到同意票 18 张，得票排位第 8 名。 评议小组组长签字： 2014 年 2 月 21 日	村委会评议意见	经调查并公示，该户符合扶贫对象相关条件，同意申报农村扶贫对象户。 负责人签字：施建三 2014 年 8 月 5 日（公章）
	乡镇审核意见	经核实，同意申报该户为农村扶贫对象户。 负责人签字：吴永银 2014 年 8 月 28 日（公章）	县扶贫办复核意见	经复核，同意申报该户为农村扶贫对象户。 负责人签字： 2016 年 9 月 6 日（公章）
	县政府审批意见	经审查，同意该户享受农村扶贫对象户待遇。 2014 年 9 月 29 日（公章）		

备注：要求准确表述本户致贫原因，不能笼统填缺钱、缺技术。

190

附件3

___2016___ 年度人均收入计算表

贫困户签字（或盖章、按手印）：施树林　　　填写人：杨建年

	类　　　别	金额（元）	备　注
家庭总收入	工资性收入（打工、零工收入等）	30000	
	经营性收入（种养业、林业、二三产业等）	3000	
	财产性收入（利息收入、分红收入、土地流转收入等）	0	
	转移性收入（现金、养老金、政策性生产生活补贴、城乡亲友支付的赡养费等）	2719	
	小计	35719	
家庭总支出	家庭经营费用支出　农业生产支出	500	
	林业生产支出	0	
	养殖业生产支出	1000	
	其他生产支出	0	
	生产税费支出	0	
	生产性固定资产折旧	0	
	小计	1500	
人口数　4	贫困户家庭人均纯收入	8554.75	

191

2018年贫困户收入计算表

户主姓名：施村林　家庭地址：双龙乡（镇）十八洞村　四组　　　　单位：人、元

序号	项目名称	计算方法及组成部分	数值
1	农民人均纯收入	农民人均纯收入＝（家庭总收入－家庭经营费用支出－税费支出－生产性固定资产折旧）/农村居民家庭人口。保留整数。1=（3-19-22-23）/2	7428
2	一、农村居民家庭人口		4
3	二、家庭总收入	家庭总收入 = 工资性收入 + 经营性收入 + 财产性收入 + 转移性收入，即：3=4+5+6+9	30711.7
4	（一）工资性收入	外出务工的所有工资收入，按务工月数*月均工资*人数。	7000
5	（二）经营性收入	主要指农户以家庭为生产经营单位，通过生产经营活动取得的收入。分为农业、林业、牧业、渔业、工业、建筑业以及第三产业	2900
6	（三）财产性收入	家庭拥有的动产（如银行存款、有价证券）和不动产（如房屋、车辆、收藏品等）所获得的收入。6=7+8	4000
7	1.各种经济组织分红	村集体、合伙企业、各种专业合作社对农户的分红。	4000
8	2.土地流转收入	把田土出租给其他个人或经济组织获得租金。	
9	（四）转移性收入	是指国家、帮扶单位、社会团体对贫困户的补助补贴。9=10+11+12+13+14+15+16+17+18	16811.7
10	1.计划生育金	实行计划生育的独生子女父母、两女户的奖励。	
11	2.生态补偿金	护林员、退耕还林、生态公益林、荒山造林等相关补助	5627.7
12	3.教育助学补助	教育助学生活补助	4100
13	4.政策性生产补贴	粮食补贴、农资综合补贴、农机具补贴	
14	5.特困人员供养金	无劳动能力、无生活来源、无法定赡养扶养义务人、残疾人和未成年人	960
15	6.赡养收入	子女按月或按年送给老人的生活费用	
16	7.养老金	年满60岁按月领取	
17	8.低保金	民政部门确定的低保户按月领取的低保补助	6124
18	9.其他		
19	三、家庭经营费用支出	各类生产经营活动成本性开支。19=20+21	1000
20	1.生产经营成本支出	购买种子、苗木、化肥、农药、畜禽种苗的成本	1000
21	2.生产经营雇工支出	请人插秧、打谷、采摘等开支。	
22	四、税费支出	向信用社或个人借贷款而需支付的利息等。	
23	三、生产性固定资产折旧	各种农机器具、大棚、烟叶烤棚等生产工具，每年消耗损失的费用。	

表明人签名：施村林　调查人签名：　　　时间：2018年 10 月 3 日

一年计算：上年10月1日至当年9月30日。

下列收入不列入贫困农户家庭纯收入的计算类别：社会救助、慰问金、扶贫慰问物资、危房改造补助、易地搬迁补助、一次性保险赔付、移民搬迁补助、一次性抚恤金等。

附件 2-2:

2019 年贫困户收入计算表

户主姓名: **纯树林**　家庭地址: 双龙乡(镇)　十八洞村　　组　　　　单位: 人、元

序号	项目名称	计算方法及组成部分	数值
1	农民人均纯收入	农民人均纯收入=(家庭总收入-家庭经营费用支出-税费支出-生产性固定资产折旧)/农村居民家庭人口。保留整数。1=(3-19-22-23)/2	7761
2	一、农村居民家庭人口		4
3	二、家庭总收入	家庭总收入=工资性收入+经营性收入+财产性收入+转移性收入,即:3=4+5+6+9	5000 31061
4	(一)工资性收入	外出务工的所有工资收入,按务工月数*月均工资*人数。	
5	(二)经营性收入	主要指农户以家庭为生产经营单位,通过生产经营活动取得的收入。分为农业、林业、牧业、渔业、工业、建筑业以及第三产业	
6	(三)财产性收入	家庭拥有的动产(如银行存款、有价证券)和不动产(如房屋、车辆、收藏品等)所获得的收入。6=7+8	5346
7	1.各种经济组织分红	村集体、合伙企业、各种专业合作社对农户的分红。	4800
8	2.土地流转收入	把田土出租给其他个人或经济组织获得租金。	546
9	(四)转移性收入	是指国家、帮扶单位、社会团体对贫困户的补助补贴。9=10+11+12+13+14+15+16+17+18	21699
10	1.计划生育金	实行计划生育的独生子女父母、两女户的奖励。	0
11	2.生态补偿金	护林员、退耕还林、生态公益林、荒山造林等相关补助	7800
12	3.教育助学补助	教育助学生活补助	4000
13	4.政策性生产补贴	粮食补贴、农资综合补贴、农机具补贴	0
14	5.特困人员供养金	无劳动能力、无生活来源、无法定赡养扶养义务人、残疾人和未成年人	1475
15	6.赡养收入	子女按月或按年送给老人的生活费用	0
16	7.养老金	年满60岁按月领取	0
17	8.低保金	民政部门确定的低保户按月领取的低保补助	8424
18	9.其他		0
19	三、家庭经营费用支出	各类生产经营活动成本性开支。19=20+21	1000
20	1.生产经营成本支出	购买种子、苗木、化肥、农药、畜禽种苗的成本	1000
21	2.生产经营雇工支出	请人插秧、打谷、采摘等开支。	0
22	四、税费支出	向信用社或个人借贷款而需支付的利息等。	0
23	五、生产性固定资产折旧	各种农机器具、大棚、烟叶烤棚等生产工具,每年消耗损失的费用。	0

贫困户签名: 纯树林　　调查人签名: 石望高　　时间: 2019年 10 月 4 日

计算周期: 2018年10月1日-2019年9月30日。

下列收入不列入贫困农户家庭纯收入的计算类别: 社会救助、慰问金、扶贫慰问物资、危房改造补助、易地搬迁补助、一次性保险赔付、移民搬迁补助、一次性抚恤金等。

注释：

施树林家于 2016 年脱贫。当年人均纯收入为 8554.75 元。

从 2018 年、2019 年贫困户收入计算表可知，施树林家是低保户，每月有低保补助，补助金是家中重要收入来源。他女儿失聪，享受特困人员供养金补助。

施树林培植野生重楼还在试验阶段，收获的根茎目前没有出售，而是用来扩大种植。

附件 4

贫困户脱贫验收表

施树林　户主姓名：　家庭人口：　4　人　　身份证号码：43312419710212____

花垣　县市区　双龙　乡镇　十八洞　村　　4组　　联系电话：1373901____

序号	脱贫指标	验 收 标 准	乡镇核实
1	家庭当年农民人均纯收入稳定超过国家脱贫标准	家庭当年农民人均纯收入稳定超过国家脱贫标准。计算方法：农民人均纯收入＝（总收入－家庭经营费用支出－税费支出－生产性固定资产折旧－农村内部亲友赠送）/农村居民家庭常住人口。	人均纯收入 8554.75 元。达标☑　未达标☐（原因：_____）。
2	不愁吃	家庭成员常年食品支出由家庭自主保障或国家保障,饮水安全达标。	达标☑未达标☐（原因：_____）。
3	不愁穿	家庭成员常年服装支出由家庭自主保障或国家保障。	达标☑，　未达标☐（原因：_____）。
4	基本医疗保障	家庭成员均参加城乡居民基本医疗保险，并享受其他医疗保障政策。	达标☑，　未达标☐（原因：_____）。
5	义务教育保障	适龄未成年人均能接受义务教育，没有因贫辍学的现象（因重度残疾、精神病或重大疾病等原因不能正常上学的除外），家庭成员享受其他相应教育扶贫政策。	达标☑，　未达标☐（原因：_____）。
6	住房安全保障	房屋场地安全，结构安全，满足正常使用要求和抗震要求，人均建筑面积不低于 13 平米(用于服务储藏、农具放置等辅助用房不计入面积控制要求)。属于易地扶贫搬迁的贫困户，按省发改委、省住建厅确认的搬迁安置房相关标准执行。	达标☑，　未达标☐（原因：_____）。
7	村民主评议意见	经村民小组推荐，村"两委"组织村民代表评议小组评议，拟确定该户为脱贫户。评议组长签名（盖章）：_____ 2016年11月22日 村委会（盖章）	
8	农户确认	经过自身努力和各界帮扶，本户已达到脱贫标准，现自愿退出贫困户序列。户主签名：_____ 2016年11月23日	
9	乡镇核实（初步验收）意见	经乡镇核实（初步验收），该户达到脱贫标准。验收核实人（签字）：_____ 2016年11月31日	

说明：1.此表一式 3 份，村委会、乡镇人民政府、县市区扶贫办各存 1 份。

2.村级评议组长签名（盖章）中的"评议组长"，指由群众评选或村"两委"指定的评议会议主要负责人。

3."农户确认"一栏原则上由户主本人或者由 18 岁以上家庭主要成员签名，并按手印。

我种重楼

施树林出生于 1971 年，轻度残疾，有一定的劳动能力；妻子田金元出生于 1977 年。他俩 2000 年结婚，育有一子一女。女儿失聪，在湘西州民族特殊教育学校就读。儿子在花垣县民族中学读初三。两个孩子都有教育扶贫的补助，每学期补助 1000 元。女儿每年有 400 ～ 600 元的残疾人护理费。儿子在 2016 年参加了扶贫工作队组织的研学活动，去了长沙和北京参观，他觉得这是村里做的对他影响最大的事。那一年村里有七八个初中以上的学生参加了研学。

施树林家里的开销主要是小孩上学的费用。女儿免学费和生活费，班费、车费和零用钱一年需三四千元；儿子住宿，餐费、零用钱、车费等一年需 1 万元左右。

施树林以前在矿上做工，做了四五年，后矿上停工，他便和妻子外出打工。2012 年开始，为照顾孩子，兼顾农活，两口子留在家中，2016 年，村里发展旅游，征收了他家部分土地，妻子便又外出打工。全家因残、因学、缺技术、缺土地、缺资金致贫，还被精准识别为兜底保障户，每人每月补助 178 元，全家补助 712 元 / 月。在政府的帮扶下，2016 年已脱贫。

在扶贫工作队的鼓励下，施树林有了培植野生重楼的想法。重楼是一种珍贵的药材，又名"七叶一枝花"，野生的售价高达一百四五十元一斤，而村子里的山坡上一直有野生重楼。2019 年，施树林开始培植野生重楼，种了三分地。因为缺乏经验，重楼生病，杆子全变成了灰白色，死了很多。他去重楼种植户那边取经，想获得培植重楼的技术，但是对方要求他买一亩地的幼苗（约 5 万元）才教技术。施树林不愿一下子投入那么多，就仍回家自我钻研。他总结出，重楼喜阴湿之地，要用自家肥，最好是牛粪。2020 年，他在山上阴湿的地方培育的野生重楼长势还不错。目前，施树林还在试验阶段，希望能够成功，那样便可以流转土地大面积种植。

施树林心声

我觉得我们村的卫生不比城里差，有专人打扫，村民每家每户也自觉维护，感觉住得舒服。我种重楼，是因为山坡上有野生的，不需要多少投入，如果培育成功，就能为家里带来一份稳定的收入。

湖南省农村扶贫对象

档

案

户主姓名：隆宗荣

花垣 县（市、区）排碧 乡镇 十八洞 村

申请日期：2014 年 3 月 4 日

户主姓名：隆宗荣

湖南省农村扶贫对象申请审批表

十八洞 村委会:

　　本人姓名 隆宗荣 性别 男 年龄 52 家庭人口 3 人(其中有劳动能力的 3 人),现为 1 组居民,有住房面积 120 平方米,房屋结构为 木房 。承包责任田 1 亩,责任山 7 亩,责任土 0.2 亩。家庭主要收入来源是 本地务工 ,上年度大致收入 3400 元。因 缺技术 缺资金 原因家庭困难,特申请农村扶贫对象户待遇。

申请人签字: 隆宗荣

2014年 3 月 4 日

审批意见	村评议小组评议情况	根据 隆宗荣 户的申请,我们于 2014 年 2 月 21 日对申请户进行民主了评议,参加评议人数 28 人,该申请户得到同意票 6 张,得票排位第 40 名。 评议小组组长签字 施成和 2014年 2 月 21 日	村委会评议意见	经调查并公示,该户符合扶贫对象相关条件,同意申报农村扶贫对象户。 负责人签字: 施进连 2014 年 8 月 5 日(公章)
	乡镇审核意见	经核实,同意申报该户为农村扶贫对象户。 负责人签字: 吴永宏 2014 年 8 月 28 日(公章)	县扶贫办复核意见	经复核,同意申报该户为农村扶贫对象户。 负责人签字: 龙秉文 2014 年 9 月 6 日(公章)
	县政府审批意见	经审查,同意该户享受农村扶贫对象户待遇。 2014 年 9 月 29 日(公章)		

备注: 要求准确表述本户致贫原因,不能笼统填缺钱、缺技术。

2015年度人均纯收入计算表

贫困户签字（或盖章、按手印）：隆安荣　填写人：杨天银.

	类　别	金额（元）	备注
家庭总收入	工资性收入（打工、零工收入等）	7000	
	经营性收入（种养业、林业、二三产业等）	5400	
	财产性收入（利息收入、分红收入、土地流转收入等）	0	
	转移性收入（现金、养老金、政策性生产生活补贴、城乡亲友支付的赡养费等）	1637.1	
	小计	14037.1	
家庭总支出	家庭经营费用支出　农业生产支出	800	
	林业生产支出	0	
	养殖业生产支出	500	
	其他生产支出	1538	
	生产税费支出	0	
	生产性固定资产折旧	0	
	小计	2838	
贫困户家庭人均纯收入		3733	

计算周期：上年10月1日至当年9月30日。

计算方法：贫困户家庭人均纯收入＝（家庭总收入－家庭经营费用支出－税费支出－生产性固定资产折旧）÷贫困户家庭建档立卡人口数。

下列收入不列入贫困农户家庭纯收入的计算类别：社会救助(包括低保补助、受灾救助、医疗救助、教育救助、住房救助、就业救助、临时救助,其中特困人员供养除外)、慰问金、扶贫慰问物资、危房改造补助、易地搬迁补助、一次性保险赔付、移民搬迁补助、一次性抚恤金等。

2016年度人均纯收入计算表

贫困户签字（或盖章、按手印）：隆家莹　填写人：楼建军

	类　　别	金额（元）	备注
家庭总收入	工资性收入（打工、零工收入等）	20000	
	经营性收入（种养业、林业、二三产业等）	12200	
	财产性收入（利息收入、分红收入、土地流转收入等）	0	
	转移性收入（现金、养老金、政策性生产生活补贴、城乡亲友支付的赡养费等）	1637.1	
	小计	33837.1	
家庭总支出	家庭经营费用支出 农业生产支出	0	
	林业生产支出	500	
	养殖业生产支出	0	
	其他生产支出	2000	
	生产税费支出	0	
	生产性固定资产折旧	0	
	小计	2500	
贫困户家庭人均纯收入		10446	

计算周期：上年10月1日至当年9月30日。

计算方法：贫困户家庭人均纯收入＝（家庭总收入－家庭经营费用支出－税费支出－生产性固定资产折旧）÷贫困户家庭建档立卡人口数。

下列收入不列入贫困农户家庭纯收入的计算类别：社会救助（包括低保补助、受灾救助、医疗救助、教育救助、住房救助、就业救助、临时救助，其中特困人员供养除外）、慰问金、扶贫慰问物资、危房改造补助、易地搬迁补助、一次性保险赔付、移民搬迁补助、一次性抚恤金等。

2018年贫困户收入计算表

户主姓名：隆宗菜　　家庭地址：双龙 乡（镇）十八洞 村 一 组　　　　单位：人、元

序号	项 目 名 称	计 算 方 法 及 组 成 部 分	数值
1	农民人均纯收入	农民人均纯收入＝（家庭总收入－家庭经营费用支出－税费支出－生产性固定资产折旧）/农村居民家庭人口。保留整数。1=（3-19-22-23）/2	18514.67
2	一、农村居民家庭人口		3
3	二、家庭总收入	家庭总收入 = 工资性收入 + 经营性收入 + 财产性收入 + 转移性收入，即：3=4+5+6+9	60556
4	（一）工资性收入	外出务工的所有工资收入，按务工月数*月均工资*人数。	30000
5	（二）经营性收入	主要指农户以家庭为生产经营单位，通过生产经营活动取得的收入。分为农业、林业、牧业、渔业、工业、建筑业以及第三产业	26000
6	（三）财产性收入	家庭拥有的动产（如银行存款、有价证券）和不动产（如房屋、车辆、收藏品等）所获得的收入。6=7+8	3000
7	1.各种经济组织分红	村集体、合伙企业、各种专业合作社对农户的分红。	3000
8	2.土地流转收入	把田土出租给其他个人或经济组织获得租金。	
9	（四）转移性收入	是指国家、帮扶单位、社会团体对贫困户的补助补贴。9=10+11+12+13+14+15+16+17+18	1556
10	1.计划生育金	实行计划生育的独生子女父母、两女户的奖励。	
11	2.生态补偿金	护林员、退耕还林、生态公益林、荒山造林等相关补助	1556
12	3.教育助学补助	教育助学生活补助	
13	4.政策性生产补贴	粮食补贴、农资综合补贴、农机具补贴	
14	5.特困人员供养金	无劳动能力、无生活来源、无法定赡养扶养义务人、残疾人和未成年人	
15	6.赡养收入	子女按月或按年送给老人的生活费用	
16	7.养老金	年满60岁按月领取	
17	8.低保金	民政部门确定的低保户按月领取的低保补助	
18	9.其他		
19	三、家庭经营费用支出	各类生产经营活动成本性开支。19=20+21	5000
20	1.生产经营成本支出	购买种子、苗木、化肥、农药、畜禽种苗的成本	5000
21	2.生产经营雇工支出	请人插秧、打谷、采摘等开支。	
22	四、税费支出	向信用社或个人借贷款而需支付的利息等。	
23	五、生产性固定资产折旧	各种农机器具、大棚、烟叶烤棚等生产工具，每年消耗损失的费用。	

贫困户签名：隆志菜　　调查人签名：　　时间：2018年 10 月 5 日

计算周期：上年10月1日至当年9月30日。

下列收入不列入贫困农户家庭纯收入的计算类别：社会救助、慰问金、扶贫慰问物资、危房改造补助、易地搬迁补助、一次性保险赔付、移民搬迁补助、一次性抚恤金等。

注释：

　　隆宗荣家于 2015 年脱贫。当年人均纯收入为 3733 元。

　　2016 年，隆宗荣开始流转土地种植黄桃。从人均纯收入计算表可知，2016 年隆宗荣家的生产经营性收入大大提升，由 2015 年的 5400 元提升至 12200 元，2018 年提升至 26000 元。

花垣 县市区 2014、2015 年度已脱贫户复核表

户主姓名：　隆宗荣　　家庭人口：3 人身份证号码：43312419620928 ···

排碧乡　乡镇　　十八洞　　村　　1　　组　　　　　联系电话：15174361.

序号	脱贫指标	验 收 标 准	乡镇核实
1	家庭当年农民人均纯收入稳定超过国家脱贫标准	家庭当年农民人均纯收入稳定超过国家脱贫标准。计算方法：农民人均纯收入＝（总收入－家庭经营费用支出－税费支出－生产性固定资产折旧－农村内部亲友赠送）/农村居民家庭常住人口。	人均纯收入 10446 元。达标☑　未达标☐（原因：＿＿＿）。
2	不愁吃	家庭成员常年食品支出由家庭自主保障或国家保障,饮水安全达标。	达标☑未达标☐（原因：＿＿＿）。
3	不愁穿	家庭成员常年服装支出由家庭自主保障或国家保障。	达标☑，　未达标☐（原因：＿＿＿）。
4	基本医疗保障	家庭成员均参加城乡居民基本医疗保险,并享受其他医疗保障政策。	达标☑，　未达标☐（原因：＿＿＿）。
5	义务教育保障	适龄未成年人均能接受义务教育，没有因贫辍学的现象（因重度残疾、精神病或重大疾病等原因不能正常上学的除外），家庭成员享受其他相应教育扶贫政策。	达标☑，　未达标☐（原因：＿＿＿）。
6	住房安全保障	房屋场地安全，结构安全，满足正常使用要求和抗震要求，人均建筑面积不低于 13 平米(用于服务储藏、农具放置等辅助用房不计入面积控制要求)。属于易地扶贫搬迁的贫困户，按省发改委、省住建厅确认的搬迁安置房相关标准执行。	达标☑，　未达标☐（原因：＿＿＿）。
7	乡镇复核意见	经复核，该户达到脱贫标准。： 复核人（签名）：　　　　　　　　　　　　　　2017 年 7 月 20 日	
8	农户确认	本户已达到脱贫标准。 户主签名：隆宗荣　　　　　　　　　　　　2017 年 7 月 20 日	
9	村级公示情况	该户已于 2017 年 7月22日—29日进行公示，公示无异议。 　　　　　　　　　　　　　　　　　　乡镇盖章	

说明：　1.此表一式 3 份，村委会、乡镇人民政府、县市区扶贫办各存 1 份。

无论是种植还是养殖，
我都会动脑筋

隆宗荣是十八洞村飞虫寨人，出生于 1962 年，妻子吴正花出生于 1969 年，两人 1990 年结婚，育有一子。

以前飞虫寨很多人在家种西瓜卖，隆宗荣种了一二十年。他爱钻研种植技术，西瓜种得不错。那时不能流转土地，西瓜只能种在自己家的地里，收入勉强维持一家人的生活。

2015 年初，扶贫工作队进村，集体流转约 90 亩土地种黄桃，请他种植和打理约 60 亩。他自学嫁接和育肥，将桃园打理得很好。

2016 年，他开始自己流转土地种黄桃，这一年流转了 10 多亩，2017 年又增加约 10 亩。其中旱土租金 400 元／（亩·年），稻田 600 元／（亩·年），一亩地可种树苗 25 株左右。培植技术没完全学到手时，隆宗荣种的黄桃三年挂果；技术学到手了，两年就可挂果。

丰收的年份，他家可收三四万斤桃子，也有因为雨水多亏本的时候。2019 年以前，他家黄桃一部分是游客到园采摘购买，大部分则是吉首批发商来采购。2019 年开始，妻子在村停车场摆摊，到了黄桃成熟的那一二十天，便每天只售卖黄桃，周五、周六、周日三天人流量大，一天能卖出三四百斤。

隆宗荣心声

> 无论是种植还是养殖，我都会动脑筋。一开始是自己买黄桃树种，后来我学会了嫁接技术，可以自己做嫁接。种黄桃也有风险，前几年价格好，现在种的人多了，价格也便宜些了。

198	2014	1	68 1
贫困户 档案	永久	3	

湖南省农村扶贫对象

档

案

户主姓名：龙金彪

花垣　县（市、区）排碧　乡镇 十八洞　村

申请日期：2014 年 3 月 4 日

户主姓名：龙金彪

2

湖南省农村扶贫对象申请审批表

十八洞 村委会：

本人姓名 龙金彪 性别 男 年龄 22 家庭人口 2 人（其中有劳动能力的 2 人），现为 4 组居民，有住房面积 120 平方米，房屋结构为 木房 。承包责任田 1 亩，责任山 0 亩，责任土 1.5 亩。家庭主要收入来源是 务农 ，上年度大致收入 2500 元。

因 缺技术 原因家庭困难，特申请农村扶贫对象户待遇。

申请人签字：龙金彪

2014年 3 月 4 日

审批意见	村评议小组评议情况	根据 龙金彪 户的申请，我们于 2014 年 2 月 21 日对申请户进行民主了评议，参加评议人数 28 人，该申请户得到同意票 4 张，得票排位第 32 名。 评议小组组长签字 2014年 3 月 21 日	村委会评议意见	经调查并公示，该户符合扶贫对象相关条件，同意申报农村扶贫对象户。 负责人签字： 2014年 8 月 5 日（公章）
	乡镇审核意见	经核实，同意申报该户为农村扶贫对象户。 负责人签字： 2014年 8 月 28 日（公章）	县扶贫办复核意见	经复核，同意申报该户为农村扶贫对象户。 负责人签字： 2016年 9 月 6 日（公章）
	县政府审批意见	经审查，同意该户享受农村扶贫对象户待遇。 2014年 9 月 29 日（公章）		

备注：要求准确表述本户致贫原因，不能笼统填缺钱、缺技术。

209

附件3

2015 年度人均收入计算表

贫困户签字（或盖章、按手印）：龙金庭　　　填写人：龙志银

	类　　别	金额（元）	备　　注
家庭总收入	工资性收入（打工、零工收入等）	30000	
	经营性收入（种养业、林业、二三产业等）	2000	0
	财产性收入（利息收入、分红收入、土地流转收入等）	0	
	转移性收入（现金、养老金、政策性生产生活补贴、城乡亲友支付的赡养费等）	0	0
	小计	32000	
家庭总支出	家庭经营费用支出 　农业生产支出	200	
	林业生产支出	0	
	养殖业生产支出	300	
	其他生产支出	0	
	生产税费支出	0	
	生产性固定资产折旧	0	
	小计	500	
人口数　4	贫困户家庭人均纯收入	7875.00	

附件3

2017 年度人均收入计算表

贫困户签字（或盖章、按手印）：老金庭　　　填写人：龙志银

	类　　别	金额（元）	备　注
家庭总收入	工资性收入（打工、零工收入等）	30000	
	经营性收入（种养业、林业、二三产业等）	16500	0
	财产性收入（利息收入、分红收入、土地流转收入等）	4000	
	转移性收入（现金、养老金、政策性生产生活补贴、城乡亲友支付的赡养费等）	1125	0
	小计	51625	
家庭总支出	家庭经营费用支出 农业生产支出	1000	
	林业生产支出	0	
	养殖业生产支出	1300	
	其他生产支出	0	
	生产税费支出	0	
	生产性固定资产折旧	0	
	小计	2300	
人口数　4	贫困户家庭人均纯收入	12331.25	

2018年贫困户收入计算表

户主姓名：龙金彪　　家庭地址：双龙 乡（镇）十八洞 村 四 组　　单位：人、元

序号	项目名称	计算方法及组成部分	数值
1	农民人均纯收入	农民人均纯收入＝（家庭总收入－家庭经营费用支出－税费支出－生产性固定资产折旧）/农村居民家庭人口。保留整数。1＝（3-19 22-23）/2	12421
2	一、农村居民家庭人口		4
3	二、家庭总收入	家庭总收入＝工资性收入＋经营性收入＋财产性收入＋转移性收入，即：3＝4+5+6+9	50785
4	（一）工资性收入	外出务工的所有工资收入，按务工月数*月均工资*人数。	35000
5	（二）经营性收入	主要指农户以家庭为生产经营单位，通过生产经营活动取得的收入。分为农业、林业、牧业、渔业、工业、建筑业以及第三产业	8700
6	（三）财产性收入	家庭拥有的动产（如银行存款、有价证券）和不动产（如房屋、车辆、收藏品等）所获得的收入。6=7+8	4000
7	1.各种经济组织分红	村集体、合伙企业、各种专业合作社对农户的分红。	4000
8	2.土地流转收入	把田土出租给其他个人或经济组织获得租金。	
9	（四）转移性收入	是指国家、帮扶单位、社会团体对贫困户的补助补贴。9=10+11+12+13+14+15+16+17+18	3085
10	1.计划生育金	实行计划生育的独生子女父母、两女户的奖励。	
11	2.生态补偿金	护林员、退耕还林、生态公益林、荒山造林等相关补助	585
12	3.教育助学补助	教育助学生活补助	2500
13	4.政策性生产补贴	粮食补贴、农资综合补贴、农机具补贴	
14	5.特困人员供养金	无劳动能力、无生活来源、无法定赡养扶养义务人、残疾人和未成年人	
15	6.赡养收入	子女按月或按年送给老人的生活费用	
16	7.养老金	年满60岁按月领取	
17	8.低保金	民政部门确定的低保户按月领取的低保补助	
18	9.其他		
19	三、家庭经营费用支出	各类生产经营活动成本性开支。19=20+21	1100
20	1.生产经营成本支出	购买种子、苗木、化肥、农药、畜禽种苗的成本。	1100
21	2.生产经营雇工支出	请人插秧、打谷、采摘等开支。	
22	四、税费支出	向信用社或个人借贷款而需支付的利息等。	
23	五、生产性固定资产折旧	各种农机器具、大棚、烟叶烤棚等生产工具，每年消耗损失的费用。	

贫困户签名：龙金彪　　调查人签名：　　时间：2018年 10月 30日

计算周期：　年10月1日至　年9月30日。

　　下列收入不计入贫困户家庭收入的计算类别：社会救助、慰问金、扶贫慰问物资、危房改造补助、易地搬迁补助、一次性保险赔付、村三委干部补助、一次性抚恤金等。

212

注释：

　　龙金彪家于2015年脱贫。当年人均纯收入为7875元。
　　2016年，龙金彪和妻子回乡后不再外出打工，龙金彪开始养蜂，妻子施芳丽在旅游公司做讲解员。
　　2017年龙金彪家生产经营性收入大大提升，为16500元。养蜂受气候影响，2018年家庭生产经营性收入有所减少，为8700元。

附件5

花垣 县市区 2014、2015 年度已脱贫户复核表

户主姓名：龙金彪　　家庭人口：　4　人　　身份证号码：43312419920424〇〇〇〇

双龙 乡镇　十八洞　村　4　组　　　　　联系电话：15200782〇〇〇

序号	脱贫指标	验 收 标 准	乡 镇 核 实
1	家庭当年农民人均纯收入稳定超过国家脱贫标准	家庭当年农民人均纯收入稳定超过国家脱贫标准。计算方法：农民人均纯收入＝（总收入－家庭经营费用支出－税费支出－生产性固定资产折旧－农村内部亲友赠送）/农村居民家庭常住人口。	人均纯收入 8006 元。 达标☑　　未达标□ （原因：_____）。
2	不愁吃	家庭成员常年食品支出由家庭自主保障或国家保障,饮水安全达标。	达标☑ 未达标□ （原因：_____）。
3	不愁穿	家庭成员常年服装支出由家庭自主保障或国家保障。	达标☑,　　未达标□ （原因：_____）。
4	基本医疗保障	家庭成员均参加城乡居民基本医疗保险,并享受其他医疗保障政策。	达标☑,　　未达标□ （原因：_____）。
5	义务教育保障	适龄未成年人均能接受义务教育，没有因贫辍学的现象（因重度残疾、精神病或重大疾病等原因不能正常上学的除外），家庭成员享受其他相应教育扶贫政策。	达标☑,　　未达标□ （原因：_____）。
6	住房安全保障	房屋场地安全，结构安全，满足正常使用要求和抗震要求，人均建筑面积不低于 13 平米(用于服务储藏、农具放置等辅助用房不计入面积控制要求)。属于易地扶贫搬迁的贫困户，按省发改委、省住建厅确认的搬迁安置房相关标准执行。	达标☑,　　未达标□ （原因：_____）。
7	乡镇复核意见	经复核，该户达到脱贫标准。 复核人（签名）：　唐海年　《公孙》　2017年 7月20日	
8	农户确认	本户已达到脱贫标准。 户主签名：　龙金彪　　2017年 7月20日	
9	村级公示情况	该户已于2017年7月22日—29日进行公示，公示无异议。 　　　　　乡镇盖章	

说明：1.此表一式3份，村委会、乡镇人民政府、县市区扶贫办各存1份。

198　2014-2015　8　68

全国户档案　永久　1

214

相比在外面打工，
在家里还是轻松些

龙金彪出生于 1992 年，妻子施芳丽出生于 1999 年。2008 年龙金彪初中毕业，后外出打工，2016 年回村后看到村里喜人的变化，顿时觉得留在村里发展有希望。

龙金彪开始寻找致富门路。他想到了养蜂。十八洞村有养蜂的传统，不少人家养了一箱或两箱土蜂，有的还养了三四箱，不过都是自给自足，没有形成产业。

恰好，村里龙先兰领头成立了养蜂合作社，愿意教给大家养蜂技术，带领大家一起增收。龙先兰原本是建档立卡户，2016 年核准退出。他是十八洞村扶贫扶志、脱贫"脱单"的典型，在扶贫工作队和村两委的鼓励下，从一个孤儿和远近闻名的"酒鬼"，蜕变成了养蜂大户，依靠养蜂 2019 年收入近 40 万元。自产以及合作社农户的蜂蜜一部分通过微信朋友圈销售，一部分通过游客和朋友宣传销售，还有一部分是单位订购。因为是山中产的土蜂蜜，一斤能卖 150 元。

龙金彪加入了合作社，开始学习养蜂，最多的时候家里养了 39 箱，现在还有 22 箱。

龙金彪的妻子自 2016 年开始做讲解员，现在每天都带团，一个月有两三千元收入。

龙金彪心声

我们村不仅村容村貌变化大，村民素质也大大提升了。村里以前与外界交往很少，现在老太太都在做小买卖了。回乡年轻人越来越多了，村里越来越有活力了。相比在外面打工，在家里还是轻松些。

房屋租赁

2016 年，一家电商企业以 2 万元 / 年的价格，租赁了梨子寨杨远潮家的一间房子，用来做产品推广，自此，十八洞村有了一个新的业态：房屋出租。

　　为了扶持十八洞村乡村旅游的发展，花垣县税务局租赁了杨五玉家的一间房子，开设了"十八洞便民办税服务点"，为不能单独办税的群众提供办税服务；湘西长行村镇银行租赁了施俊家的三间房，为村民提供储蓄业务，还设了自动取款机，村民和游客可以在村里享受现金取款服务。还有其他单位和个人，也在十八洞村租房，或做公益推广，或为村民和游客提供优质服务。

房屋租赁

湖南省农村扶贫对象

档

案

户主姓名： 杨五玉

花垣 县（市、区） 排吾 乡镇 十八洞 村

申请日期：2016 年 3 月 4 日

户主姓名：杨五玉

湖南省农村扶贫对象申请审批表

____拔调____村委会：

本人姓名 杨玉玉 性别 男 年龄 65 家庭人口 3 人（其中有劳动能力的 1 人），现为 6 组居民，有住房面积 100 平方米，房屋结构为 木房 。承包责任田 3.2 亩，责任山 16.2 亩，责任土 0.47 亩。家庭主要收入来源是 务农 ，上年度大致收入 1400 元。

因 缺劳力 技术 发达 原因家庭困难，特申请农村扶贫对象户待遇。

申请人签字：杨玉玉

2016年 3 月 4 日

审批意见	村评议小组评议情况	根据 杨玉玉 户的申请，我们于 2014 年 2 月 21 日对申请户进行民主了评议，参加评议人数 28 人，该申请户得到同意票 12 张，得票排位第 24 名。 评议小组组长签字：旌旗 2014年 2 月 21 日	村委会评议意见	经调查并公示，该户符合扶贫对象相关条件，同意申报农村扶贫对象户。 负责人签字：施世兰 2014年 8 月 5 日（公章）
	乡镇审核意见	经核实，同意申报该户为农村扶贫对象户。 负责人签字：吴武辉 2014年 8 月 28 日（公章）	县扶贫办复核意见	经复核，同意申报该户为农村扶贫对象户。 负责人签字：张勃 2014年 9 月 6 日（公章）
	县政府审批意见	经审查，同意该户享受农村扶贫对象户待遇。 2014年 9 月 21 日（公章）		

备注： 要求准确表述本户致贫原因，不能笼统填缺钱、缺技术。

家 庭 情 况

户主姓名	杨五五	性别	男	
家庭人口	3	民族	苗族	
出生时间	1949 年 1 月 18 日			
联系电话	1363743			
识别标准	国家标准			
家庭住址	花垣县排碧乡十八洞村6组			
贫困户属性	一般贫困户			
主要致贫原因	缺劳力			
耕地面积（亩）	3.62	林地面积（亩）	16.2	
牧草地面积（亩）	0	住房面积（平方米）	100.00	

1

家 庭 成 员

姓　名	公民身份号码 或残疾证号码	与户主 关系	劳动能力
杨卫玉	4331241P4P0118···	户主	无劳力
龙美珍	4331241P540718···	配偶	无劳力
杨运义	4331241P7120··	之子	普通劳动力

帮 扶 责 任 人

姓　名	单位名称	单位隶属关系	联系电话
麻文权	县扶贫开发办	县直	13P0743···
杨建平	县教育局		13487413···
伍晓霞	县委驻十八洞工作队		13517431··· 2018.3.

帮扶成效

时间	成效内容	签字
2014年	1. 发展猕猴桃产业获财扶资金支持9000元，113工程款得支持100元用于购买冬桃10株。	杨五玉
	2. 医疗保险家庭个人出资60元/人，财政补贴320元/人，获得财政补贴960元，地补偿1369.2元，养老金1320元。	杨五玉
	3. 了解精准扶贫政策，激发内生动力。 4. 农网接通入户，自来水入户入厨。	杨五玉
2015年	1. 发展猕猴桃，财扶资金支持暗管、113工程获支持100元购买黄桃10株，花卉委托帮扶受益1500元。	杨五玉
	2. 交医疗保险个人出资90元/人，财政补贴38元/人，财政补贴1140元，地补偿1369.2元，养老金1800元。	杨五玉
	3. 入户道路和房前屋后铺设了青石板。	杨五玉

帮扶措施成效

帮扶措施

时间	项目内容	帮扶单位 签字
2016年	1.发展猕猴桃获财政资金管 支持。113工程获支持54元买包菌10斤， 100元购买黄桃10株，补植并认领桃 树认领款180元，花苗产生委托帮扶 受益1200元，生猪补助1500元。 2.交医疗保险个人出资90元/人，财 政补贴36元/人，财政兰补1080元，生 态补偿1369.2元，金融帮扶补偿1万元， 养老金1800元。 3.外出务工收入10000元。①	杨五玉 杨五玉 杨五玉 杨五玉
2017年	1.发展猕猴桃获分红3000元， 113工程获领取桃树认领款 4050元。 2.交医疗保险个人出资120元/人，财 政补贴480元/人，财政补贴保险1440元， 生态补偿1369.2元，养老金2040元， 住院补偿979元。	杨五玉 杨五玉

5

帮扶成效

时间	成 效 内 容	签字
	3. 思想观念切实转变, 了解精准扶贫政策。	杨玉玉
	4. 种植豇豆受益3600元② 5. 外出务工收入5000元③	杨玉玉
	6. 经营小超市收入3000元④ 7. 享受特惠保60元/人, 共180元	杨玉玉
2018年	1. 获财扶资金培管猕猴桃、113工程获100元支持购买黄桃10株。	杨玉玉
	2. 交医疗保险个人出资75元/人, 财政补贴315元。	杨玉玉
	3. 生态补偿1369元。 4. 享受特惠保60元, 共180元。	杨玉玉

帮扶措施成效

签字

时间	项目内容	帮扶单位
2019年	1. 土地流转费收入3196元. 2. 猕猴桃分红3000元.	杨五玉
	3. 享受村集体经济代缴养老保险金1100元/人, 医保金100元/人, 共计1200元. ⑤	杨五玉
	4. 为民服务兰房屋租赁收入转移就业一人。施养乡公司就业1800元/月 ⑥	杨五玉
	5. 带病回乡退伍军人双定补助540元/月 6. 离任村干部工资380元/月.	楠五玉
	7. 额出租收入20000元/年 ⑦ 8. 养老金收入2472元/年. 每人每月100元.	杨五玉
	9. 生态公益林补贴 251.1元 10. 耕地地力保护补贴 603.75元	楠五玉

3

226

帮扶措施 成效

时间	项目内容	帮扶单位 签字
2020年	1. 获猕猴桃产业分红4800元。	杨五玉
	2. 村集体统一代缴新农合、新农保。 ⑧	杨五玉
	3. 转移就业一人在十八洞旅游公司 ⑨	杨五玉
	4. 了解新冠肺炎相关知识。	杨五玉

4

注释：

①③ 2018 年以前，杨五玉家主要收入是外出务工所得。

②扶贫工作队和村两委鼓励因地制宜发展种植业。

④ 2017 年经营小超市。

⑤⑧十八洞山泉水厂以"50+1"的保底分红模式不断壮大村集体经济。"50"即每年给村集体分红 50 万元，"1"即销售 1 瓶山泉水捐出 1 分钱投入十八洞村扶贫基金。2019 年开始，十八洞山泉水厂的分红，一部分用来代缴全村村民的养老保险金和医疗保险金，这是继猕猴桃分红后，村民享受到的又一集体经济福利。

⑥⑦⑨ 2019 年开始出租房屋；小儿子杨远义被推荐到旅游公司任保安，工资 1800 元／月。

附件4

贫困户脱贫验收表

户主姓名：<u>杨五玉</u>　　家庭人口：　<u>3</u>　人　　身份证号码 43312419490118○○○○

<u>花垣</u>　县市区　<u>双龙</u>　乡镇　<u>双龙</u>　村　<u>6</u>　组　　联系电话：13637434○○○

序号	脱贫指标	验收标准	乡镇核实
1	家庭当年农民人均纯收入稳定超过国家脱贫标准	家庭当年农民人均纯收入稳定超过国家脱贫标准。计算方法：农民人均纯收入＝（总收入－家庭经营费用支出－税费支出－生产性固定资产折旧－农村内部亲友赠送）/农村居民家庭常住人口。	人均纯收入 6589 元。 达标☑　　未达标□ （原因：_____）。
2	不愁吃	家庭成员常年食品支出由家庭自主保障或国家保障,饮水安全达标。	达标☑ 未达标□ （原因：_____）。
3	不愁穿	家庭成员常年服装支出由家庭自主保障或国家保障。	达标☑　　未达标□ （原因：_____）。
4	基本医疗保障	家庭成员均参加城乡居民基本医疗保险,并享受其他医疗保障政策。	达标☑　　未达标□ （原因：_____）。
5	义务教育保障	适龄未成年人均能接受义务教育，没有因贫辍学的现象（因重度残疾、精神病或重大疾病等原因不能正常上学的除外），家庭成员享受其他相应教育扶贫政策。	达标☑，　未达标□ （原因：_____）。
6	住房安全保障	房屋场地安全，结构安全，满足正常使用要求和抗震要求，人均建筑面积不低于 13 平米(用于服务储藏、农具放置等辅助用房不计入面积控制要求)。属于易地扶贫搬迁的贫困户，按省发改委、省住建厅确认的搬迁安置房相关标准执行。	达标☑　　未达标□ （原因：_____）。
7	村民主评议意见	经村民小组推荐，村"两委"组织村民代表评议小组评议，拟确定该户为脱贫户。 评议组长签名（盖章）：　　　　　　　村委会（盖章） 　　　　　　2016年 11月22日	
8	农户确认	经过自身努力和各界帮扶，本户已达到脱贫标准，现自愿退出贫困户序列。 户主签名：杨五玉　　　　　　2016年 11月25日	
9	乡镇核实（初步验收）意见	经乡镇核实（初步验收），该户达到脱贫标准。 验收核实人（签字）：　　　　2016年 11月31日	

说明：　1.此表一式 3 份，村委会、乡镇人民政府、县市区扶贫办各存 1 份。

　　　　2.村级评议组长签名（盖章）中的"评议组长"，指由群众评选或村"两委"指定的评议会议主要负责人。

　　　　3."农户确认"一栏原则上由户主本人或者由 18 岁以上家庭主要成员签名，并按手印。

我现在是心满意足

杨五玉出生于 1949 年，十八洞村梨子寨人，和老伴育有一个女儿、两个儿子。女儿早已出嫁，大儿子成家几年后独立门户，另外建房。

　　杨五玉 19 岁入伍当兵，4 年后退伍，回村当治保主任。1983 年至 2004 年，他任原竹子村（包括梨子寨和竹子寨）村支书，在任上带领村民们修通了贯通飞虫寨、竹子寨，与国道相连的近 6 公里的土马路。

　　十八洞原竹子村，在 20 世纪 50 年代末就开始自发修路，因为山势险峻、缺乏外援和技术，村民们修了几截，且东一截西一截，最终无奈放弃了。直到 1998 年，村里都只有一条羊肠小道通往国道。1998 年，在政府的呼吁下，杨五玉开始组织村民们重新修路。政府提供炸药和基本工具，村民们出工，且需自带饭菜或干粮。山势有陡峭的地方，也有平缓的地方，为了公平，每家每户抓阄决定修路的长短——陡峭的地方就修短一点，平缓的地方就修长一点。抓阄后，大家还可以互相交换，自行调整。用了三年多时间，一条两米多宽，可以过拖拉机的土马路修通了。后来村民们又陆续出工，将路加宽至 3.5 米。2012 年，湖南省民族事务委员会对口帮扶十八洞村，帮助村里进行了道路改造。2014 年以后，为发展旅游，道路又几次扩建，进村的道路修成了两车道，铺上了沥青，游客们和村民们开小汽车进出村子都很方便了。

　　路修通以前，村里物资进出全靠肩挑，一个壮劳力一般能挑 150 斤走山路。村里的孩子要走好几公里山路去上学。杨五玉家每年养的一两头猪，需要请人帮忙抬着走一两个小时山路才能运到村外，再以每斤两三元的价格卖出去，收入最多 1200 元。

　　路修通了，村里的农产品可以用车运到村外，村外的物资也可以更便捷地运到村里。因此，村民们的生活条件有所改善。但是，人多地少，村民们普遍还是比较贫困。后来，孩子们外出打工，养活自己，为杨五玉减轻了不少压力。

2014年初，杨五玉家因缺劳力、缺技术，被确认为建档立卡户。

2016年以前，小儿子在浙江打工，一年到头没有多少结余，2016年回到村里，在旅游公司当保安，每月工资1800元，在家里花销不大，能稍有结余。加上杨五玉有退伍军人补助、村干部退休金，种点地能保障一家人的口粮，因而顺利脱贫。

2019年4月，杨五玉家的一间房子，被花垣县税务局租赁，开设"十八洞便民办税服务点"，并聘请他大儿媳妇麻小春担任开票员。村里不能独立办税的农家乐都可到便民办税服务点来开发票。房子租金每年2万元，合同期2年。这一年，杨五玉的小儿子花5万多元买了一部黑色的东风风行7座汽车。2020年5月，建设银行花垣县支行租下他家的另一间房子，开设"农村普惠金融服务点"，租金每年4万元，合同期3年。

杨五玉心声

我现在是心满意足。我带领村民修通了路，总书记从这条路到了村里。现在村里路又拓宽了，交通更方便了，游客多了，村民们的钱包鼓了。像我不愁吃、不愁穿，日子很好过。感谢国家，感谢政府。

房屋租赁

湖南省农村扶贫对象

档

案

户主姓名：施全胜

花垣 县（市、区）排碧 乡镇 十八洞 村
申请日期：2014 年 3 月 4 日

户主姓名：施全胜

湖南省农村扶贫对象申请审批表

十八洞 村委会：

　　本人姓名 施全胜 性别 男 年龄 45 家庭人口 6 人（其中有劳动能力的 5 人），现为 6 组居民，有住房面积 150 平方米，房屋结构为 楼 。承包责任田 5.75 亩，责任山 16.8 亩，责任土 1 亩。家庭主要收入来源是 务农 ，上年度大致收入 2080 元。

　　因 病 原因家庭困难，特申请农村扶贫对象户待遇。

申请人签字：施俊

2014 年 3 月 4 日

审批意见	村评议小组评议情况	根据 施全胜 户的申请，我们于 2014 年 2 月 21 日对申请户进行民主了评议，参加评议人数 28 人，该申请户得到同意票 17 张，得票排位第 6 名。 评议小组组长签字： 2014 年 3 月 21 日	村委会评议意见	经调查并公示，该户符合扶贫对象相关条件，同意申报农村扶贫对象户。 负责人签字：施世连 2014 年 8 月 5 日（公章）
	乡镇审核意见	经核实，同意申报该户为农村扶贫对象户。 负责人签字： 2014 年 8 月 28 日（公章）	县扶贫办复核意见	经复核，同意申报该户为农村扶贫对象户。 负责人签字： 2014 年 9 月 6 日（公章）
	县政府审批意见	经审查，同意该户享受农村扶贫对象户待遇。 2014 年 9 月 29 日（公章）		

备注：要求准确表述本户致贫原因，不能笼统填缺钱、缺技术。

贫困户信息采集表（2014）

一、基本信息

家庭住址：湖南省湘西州花垣县排碧乡十八洞村

联系电话：13467432... 　　开户银行：花垣县排碧农村信用社 　　银行账号：93062210002656 ᨀ ᨀ

A17 识别标准：☑国家标准	A18 贫困户属性（单选）：☑一般贫困户 □低保贫困户 □五保贫困户
A19 是否军烈属：□是 ☑否	A20 是否低保兜底户：□是 ☑否

二、家庭成员信息

序号	A1 姓名	A2 性别	A3 证件号码	A4 与户主关系	A5 民族	A6 政治面貌	A7 文化程度	A8 在校生状况	A9 健康状况	A10 劳动技能	A11 务工情况	A12 务工时间	A13 是否现役军人	A14 是否参加大病医疗保险	A15 是否低保人口
1	施全胜	男	43312419690313...	户主	苗族	群众	初中	非在校生	健康	普通劳动力	外出务工	8个月	否	是	否
2	石庆英	女	43312419700101...	配偶	苗族	群众	小学	非在校生	健康	普通劳动力	无	0	否	是	否
3	施俊	男	43312419980301...	之子	苗族	群众	小学	非在校生	健康	普通劳动力	无	0	否	是	否
4	施肖霞	女	43312419961111...	之女	苗族	群众	小学	非在校生	健康	普通劳动力	无	0	否	是	否
5	施肖丹	女	43312419931213...	之女	苗族	群众	小学	非在校生	健康	普通劳动力	无	0	否	是	否
6	隆德玉	女	43312419380701...	之母	苗族	群众	文盲或半文盲	非在校生	长期慢性病	无劳动力	无	0	否	是	否

三、致贫原因

A22 主要致贫原因(单选)：☑因病 □因残 □因学 □因灾 □缺土地 □缺水 □缺技术 □缺劳动力 □缺资金 □交通条件落后 □自身发展动力不足

四、收入情况

A39 工资性收入（元）	15000	A42 转移性收入（元）	2159	A42d 养老保险金（元）	660
A40 生产经营性收入（元）	1200	A42a 计划生育金（元）	0	A42e 生态补偿金（元）	653
A41 财产性收入（元）	0	A42b 低保金（元）	0	A42f 其他转移性收入（元）	846
A42c 五保金（元）	0	A43 生产经营性支出（元）	500		

五、生产生活条件

A24 耕地面积（亩）	6.75	A28 是否通生产用电	是	A35 主要燃料类型	柴草
A24a 有效灌溉面积（亩）	3.25	A29 与村主干路距离（公里）	0.2	A36 是否加入农民专业合作社	是
A25 林地面积（亩）	16.8	A30 入户路类型	硬化小路	A37 有无卫生厕所	有
A25a 退耕还林面积（亩）	6.22	A31 住房面积（平方米）	150		
A25b 林果面积（亩）	0	A32 是否通生活用电	是		
A26 牧草地面积（亩）	0	A33 饮水是否困难	否		

六、帮扶责任人

序号	姓名	性别	政治面貌	帮扶单位名称	帮扶开始时间	帮扶结束时间	隶属关系	单位地址	联系电话
1	石志刚	男		苗汉子合作社董事长	2014.3		企业	花垣县	1587434...
2									
3									

七、易地扶贫搬迁

A44 是否搬迁户（单选）：□是 ☑否
A45 搬迁方式（单选）：□行政区整体搬迁 □自然村（村民小组）整体搬迁 □建档立卡贫困户个别搬迁
A47 安置方式（单选）：□集中安置 　□分散安置

A48 安置地（单选）：　　□县城安置 □乡镇安置 □村内安置 □村外安置 □县外安置

A49 搬迁可能存在的困难（可多选）：　　□缺乏资金 □搬迁后找不到工作 □搬迁后生活没着落 □其他

填表人：田丹　　联系电话：182295/1...　　户主签名：施俊　　填表日期：2014 年 11 月 25 日

235

2017 年收入情况

A39 工资性收入（元）	10000	A42 转移性收入（元）	8519	A42d 养老保险金（元）	1020
A40 生产经营性收入（元）	9450	A42a 计划生育金（元）	0	A42e 生态补偿金（元）	653
A41 财产性收入（元）	46000	A42b 低保金（元）	0	A42f 其他转移性收入（元）	6846
A42c 五保金（元）	0	A43 生产经营性支出（元）	600		

2019 年收入情况

工资性收入（元）	70000	转移性收入(元)	1496	养老保险金（元）	1236
生产经营性收入（元）	20000	计划生育金（元）	0	生态补偿金（元）	260
财产性收入（元）	51244	低保金（元）	0	其他转移性收入（元）	0
资产收益扶贫分红收入(元)	45000	特困供养金（元）	0		
其他财产性收入(元)	6244	生产经营性支出（元）	300		

注释：

贫困户信息采集表（2014）户主签名人施俊为施全胜的儿子。

从 2014 年收入情况可知，施全胜家全年收入 20018 元，人均纯收入为 3336 元，实现脱贫。

2017 年施全胜家房屋开始出租，当年获得财产性收入 46000 元，全年总收入达到 81888 元。

2019 年施全胜家全年总收入达到 195180 元。

附件5

花垣 县市区 2014、2015 年度已脱贫户复核表

户主姓名：__施全胜__ 家庭人口：__6__ 人　身份证号码：__43312419690313____

__双龙__ 乡镇 __十八洞__ 村 __6__ 组　　联系电话：__15024317,__

序号	脱贫指标	验收标准	乡镇核实
1	家庭当年农民人均纯收入稳定超过国家脱贫标准	家庭当年农民人均纯收入稳定超过国家脱贫标准。计算方法：农民人均纯收入＝（总收入－家庭经营费用支出－税费支出－生产性固定资产折旧－农村内部亲友赠送)/农村居民家庭常住人口。	人均纯收入 __11185__ 元。 达标☑ 未达标□ （原因：_____）。
2	不愁吃	家庭成员常年食品支出由家庭自主保障或国家保障,饮水安全达标。	达标☑ 未达标□ （原因：_____）。
3	不愁穿	家庭成员常年服装支出由家庭自主保障或国家保障。	达标☑, 未达标□ （原因：_____）。
4	基本医疗保障	家庭成员均参加城乡居民基本医疗保险,并享受其他医疗保障政策。	达标☑, 未达标□ （原因：_____）。
5	义务教育保障	适龄未成年人均能接受义务教育，没有因贫辍学的现象（因重度残疾、精神病或重大疾病等原因不能正常上学的除外），家庭成员享受其他相应教育扶贫政策。	达标☑, 未达标□ （原因：_____）。
6	住房安全保障	房屋场地安全，结构安全，满足正常使用要求和抗震要求，人均建筑面积不低于 13 平米(用于服务储藏、农具放置等辅助用房不计入面积控制要求)。属于易地扶贫搬迁的贫困户，按省发改委、省住建厅确认的搬迁安置房相关标准执行。	达标☑, 未达标□ （原因：_____）。
7	乡镇复核意见	经复核，该户达到脱贫标准。： 复核人（签名）： 彭海年 石登文 　　　　　　　　2017 年 7 月20 日	
8	农户确认	本户已达到脱贫标准。 户主签名： 施 俊 　　　　　　　2017 年 7 月20 日	
9	村级公示情况	该户已于 2017 年 7 月22 日－29 日进行公示，公示无异议。 　　　　　　　　　　　　　乡镇盖章	

说明：1.此表一式 3 份，村委会、乡镇人民政府、县市区扶贫办各存 1 份。

237

很多年轻人愿意待在家里了

施全胜出生于 1969 年，育有一儿两女，儿子施俊出生于 1998 年。

施俊小时候，父母都在矿上做工，赚钱供他们姐弟读书。后来矿上停工，父母则都在家，种点田地，没什么收入。2014 年，父母和两个姐姐外出打工，家中顺利脱贫。

初中毕业后，施俊便去浙江打工。最开始两三千元一月，只够他自己花销，到 2016 年，能拿到五六千元一月。

眼看回村的年轻人越来越多，施俊不想在外漂泊。2017 年，湘西长行村镇银行想要租赁他家的房子，进驻十八洞村，他回乡签订租赁合同。三间房，两间做业务大厅，一间安装自助取款机（ATM 机），供村民和游客自助取款。他熟悉村里的情况，性格开朗，被银行聘为客户经理，负责村里的业务。在支行培训两个月后，他正式上岗。每隔半个月到 20 天，他就会去村里串门，给村民们普及金融知识，如辨别新版人民币的真伪，告知存款利息的变化。村里老百姓很欢迎这个银行，因为在家门口就可以存款、取款。农家乐办得好的村民，是大客户，他会勤走访，了解他们的金融需求。2017 年，他花十多万元买了小汽车。

施俊心声

> 虽然在浙江打工，工资也不低，但是我还是想回家。在家里可以照顾年迈的奶奶，觉得很安心。现在村里条件越来越好，也有很多年轻人愿意待在家里了。

房屋租赁

湖南省农村扶贫对象

档

案

户主姓名：杨远青

龙恒 县（市、区） 排碧 乡镇 十八洞 村

申请日期：2014 年 3 月 4 日

户主姓名：杨远青

湖南省农村扶贫对象申请审批表

___十八洞___ 村委会：

　　本人姓名 _杨远青_ 性别 _男_ 年龄 _51_ 家庭人口 _4_ 人（其中有劳动能力的 _3_ 人），现为 _6_ 组居民，有住房面积 _120_ 平方米，房屋结构为 _木房_ 。承包责任田 _2.32_ 亩，责任山 _0.1_ 亩，责任土 _0.56_ 亩。家庭主要收入来源是 ___务农___ ，上年度大致收入 _6600_ 元。

　　因 ___缺资金___ 原因家庭困难，特申请农村扶贫对象户待遇。

申请人签字：杨远青

2014 年 3 月 4 日

审批意见	村评议小组评议情况	根据 _杨远青_ 户的申请，我们于 _2014_ 年 _2_ 月 _21_ 日对申请户进行民主了评议，参加评议人数 _28_ 人，该申请户得到同意票 _17_ 张，得票排位第 _6_ 名。 评议小组组长签字：张秋妮 2014 年 2 月 21 日	村委会评议意见	经调查并公示，该户符合扶贫对象相关条件，同意申报农村扶贫对象户。 负责人签字：施进美 2014 年 8 月 5 日（公章）
	乡镇审核意见	经核实，同意申报该户为农村扶贫对象户。 负责人签字：吴方顺 2014 年 8 月 28 日（公章）	县扶贫办复核意见	经复核，同意申报该户为农村扶贫对象户。 负责人签字：张寿安 2014 年 9 月 日（公章）
	县政府审批意见	经审查，同意该户享受农村扶贫对象户待遇。 2014 年 9 月 29 日（公章）		

备注：要求准确表述本户致贫原因，不能笼统填缺钱、缺技术。

2015 年度人均纯收入计算表

贫困户签字（或盖章、按手印）：杨迟南   填写人：龙玉银

类　别		金额（元）	备注
家庭总收入	工资性收入（打工、零工收入等）	15000	
	经营性收入（种养业、林业、二三产业等）	3950	
	财产性收入（利息收入、分红收入、土地流转收入等）	0	
	转移性收入（现金、养老金、政策性生产生活补贴、城乡亲友支付的赡养费等）	574	
	小计	19524	
家庭总支出	家庭经营费用支出 — 农业生产支出	300	
	家庭经营费用支出 — 林业生产支出	0	
	家庭经营费用支出 — 养殖业生产支出	500	
	家庭经营费用支出 — 其他生产支出	0	
	生产税费支出	0	
	生产性固定资产折旧	0	
	小计	800	
贫困户家庭人均纯收入		4681	

计算周期：上年 10 月 1 日至当年 9 月 30 日。

计算方法：贫困户家庭人均纯收入＝（家庭总收入－家庭经营费用支出－税费支出－生产性固定资产折旧）÷贫困户家庭建档立卡人口数。

下列收入不列入贫困农户家庭纯收入的计算类别：社会救助(包括低保补助、受灾救助、医疗救助、教育救助、住房救助、就业救助、临时救助,其中特困人员供养除外)、慰问金、扶贫慰问物资、危房改造补助、易地搬迁补助、一次性保险赔付、移民搬迁补助、一次性抚恤金等。

最新

2018年贫困户收入计算表

户主姓名：杨远清　家庭地址：沙坪（镇）石河村　6组　　　　单位：人、元

序号	项目名称	计算方法及组成部分	数值
1	农民人均纯收入	农民人均纯收入＝（家庭总收入－家庭经营费用支出－税费支出－生产性固定资产折旧）/农村居民家庭人口。保留整数。1＝（3-19-22-23）/2	18466　18465.7
2	一、农村居民家庭人口		
3	二、家庭总收入	家庭总收入＝工资性收入＋经营性收入＋财产性收入＋转移性收入，即：3=4+5+6+9	75362.85
4	（一）工资性收入	外出务工的所有工资收入，按务工月数*月均工资*人数。	5000
5	（二）经营性收入	主要指农户以家庭为生产经营单位，通过生产经营活动取得的收入。分为农业、林业、牧业、渔业、工业、建筑业以及第三产业	~~60000~~ 51200
6	（三）财产性收入	家庭拥有的动产（如银行存款、有价证券）和不动产（如房屋、车辆、收藏品等）所获得的收入。6=7+8	6000
7	1.各种经济组织分红	村集体、合伙企业、各种专业合作社对农户的分红。	6000
8	2.土地流转收入	把田土出租给其他个人或经济组织获得租金。	
9	（四）转移性收入	是指国家、帮扶单位、社会团体对贫困户的补助补贴。9=10+11+12+13+14+15+16+17+18	3162.85
10	1.计划生育金	实行计划生育的独生子女父母、两女户的奖励。	
11	2.生态补偿金	护林员、退耕还林、生态公益林、荒山造林等相关补助	662.85
12	3.教育助学补助	教育助学生活补助	2500
13	4.政策性生产补贴	粮食补贴、农资综合补贴、农机具补贴	
14	5.特困人员供养金	无劳动能力、无生活来源、无法定赡养扶养义务人、残疾人和未成年人	
15	6.赡养收入	子女按月或按年送给老人的生活费用	
16	7.养老金	年满60岁按月领取	
17	8.低保金	民政部门确定的低保户按月领取的低保补助	
18	9.其他		
19	三、家庭经营费用支出	各类生产经营活动成本性开支。19=20+21	1500
20	1.生产经营成本支出	购买种子、苗木、化肥、农药、畜禽种苗的成本	
21	2.生产经营雇工支出	请人插秧、打谷、采摘等开支	
22	四、税费支出	向信用社或个人借贷款而需支付的利息等。	
23	五、生产性固定资产折旧	各种农机器具、大棚、烟叶烤棚等生产工具，每年消耗损失的费用。	

贫困户签名：杨远清　　调查人签名：　　　　时间：2018年10月30日

计算周期：上年10月1日至当年9月30日。

下列收入不列入贫困农户家庭纯收入的计算类别：社会救助、慰问金、扶贫慰问物资、危房改造补助、易地搬迁补助、一次性保险赔付、移民搬迁补助、一次性抚恤金等。

附件 2-2:

2019 年贫困户收入计算表

户主姓名: 杨远青　家庭地址: 双花乡 (镇) 十八洞村　组　6　单位: 人、元

序号	项目名称	计算方法及组成部分	数值
1	农民人均纯收入	农民人均纯收入＝(家庭总收入－家庭经营费用支出－税费支出－生产性固定资产折旧)/农村居民家庭人口。保留整数。1=(3-19-22-23)/2	11911
2	一、农村居民家庭人口		5
3	二、家庭总收入	家庭总收入＝工资性收入＋经营性收入＋财产性收入＋转移性收入,即: 3=4+5+6+9	79556
4	(一) 工资性收入	外出务工的所有工资收入,按务工月数*月均工资*人数。	7000
5	(二) 经营性收入	主要指农户以家庭为生产经营单位,通过生产经营活动取得的收入。分为农业、林业、牧业、渔业、工业、建筑业以及第三产业	60000
6	(三) 财产性收入	家庭拥有的动产(如银行存款、有价证券)和不动产(如房屋、车辆、收藏品等)所获得的收入。6=7+8	10284
7	1.各种经济组织分红	村集体、合伙企业、各种专业合作社对农户的分红。	7200
8	2.土地流转收入	把田土出租给其他个人或经济组织获得租金。	3084
9	(四) 转移性收入	是指国家、帮扶单位、社会团体对贫困户的补助补贴。9=10+11+12+13+14+15+16+17+18	2272
10	1.计划生育金	实行计划生育的独生子女父母、两女户的奖励。	0
11	2.生态补偿金	护林员、退耕还林、生态公益林、荒山造林等相关补助	2272
12	3.教育助学补助	教育助学生活补助	0
13	4.政策性生产补贴	粮食补贴、农资综合补贴、农机具补贴	0
14	5.特困人员供养金	无劳动能力、无生活来源、无法定赡养扶养义务人、残疾人和未成年人	0
15	6.赡养收入	子女按月或按年送给老人的生活费用	0
16	7.养老金	年满60岁按月领取	0
17	8.低保金	民政部门确定的低保户按月领取的低保补助	0
18	9.其他		0
19	三、家庭经营费用支出	各类生产经营活动成本性开支。19=20+21	20000
20	1.生产经营成本支出	购买种子、苗木、化肥、农药、畜禽种苗的成本	20000
21	2.生产经营雇工支出	请人插秧、打谷、采摘等开支。	0
22	四、税费支出	向信用社或个人借贷款而需支付的利息等。	0
23	五、生产性固定资产折旧	各种农机器具、大棚、烟叶烤棚等生产工具,每年消耗损失的费用。	0

贫困户签名: 杨远青　调查人签名: 陈明红　时间: 2019年 8 月 12 日

计算周期: 2018 年 10 月 1 日-2019 年 9 月 30 日。
　下列收入不列入贫困农户家庭纯收入的计算类别: 社会救助、慰问金、扶贫慰问物资、危房改造补助、易地搬迁补助、一次性保险赔付、移民搬迁补助、一次性抚恤金等。

注释：

　　杨远青家于 2015 年脱贫。当年人均纯收入为 4681 元。

　　2018 年，杨远青家开始经营农家乐，当年经营性收入达到 51200 元，全年人均纯收入为 18465.71 元。2019 年，经营性收入持续上升。2020 年，杨远青家的农家乐停办，房子租了出去。

花垣 县市区 2014、2015 年度已脱贫户复核表

| 198 | 2014/2015 | 8 | 125 |
| 贫困户档案 | 永久 | 1 | |

户主姓名： 杨远青 家庭人口： 4 人 身份证号码： 43312419630714...

双龙 乡镇 十八洞 村 6 组 联系电话： 15074318...

序号	脱贫指标	验收标准	乡镇核实
1	家庭当年农民人均纯收入稳定超过国家脱贫标准	家庭当年农民人均纯收入稳定超过国家脱贫标准。计算方法：农民人均纯收入＝(总收入－家庭经营费用支出－税费支出－生产性固定资产折旧－农村内部亲友赠送)/农村居民家庭常住人口。	人均纯收入 7937 元。 达标☑ 未达标☐ (原因：_____)。
2	不愁吃	家庭成员常年食品支出由家庭自主保障或国家保障,饮水安全达标。	达标☑ 未达标☐ (原因：_____)。
3	不愁穿	家庭成员常年服装支出由家庭自主保障或国家保障。	达标☑，未达标☐ (原因：_____)。
4	基本医疗保障	家庭成员均参加城乡居民基本医疗保险,并享受其他医疗保障政策。	达标☑，未达标☐ (原因：_____)。
5	义务教育保障	适龄未成年人均能接受义务教育，没有因贫辍学的现象(因重度残疾、精神病或重大疾病等原因不能正常上学的除外)，家庭成员享受其他相应教育扶贫政策。	达标☑，未达标☐ (原因：_____)。
6	住房安全保障	房屋场地安全，结构安全，满足正常使用要求和抗震要求，人均建筑面积不低于 13 平米(用于服务储藏、农具放置等辅助用房不计入面积控制要求)。属于易地扶贫搬迁的贫困户，按省发改委、省住建厅确认的搬迁安置房相关标准执行。	达标☑，未达标☐ (原因：_____)。
7	乡镇复核意见	经复核，该户达到脱贫标准。： 复核人（签名）： 2017 年 7 月 20 日	
8	农户确认	本户已达到脱贫标准。 户主签名： 2017 年 7 月 20 日	
9	村级公示情况	该户已于 2017 年 7 月 22 日—29 日进行公示，公示无异议。 乡镇盖章	

说明： 1.此表一式 3 份，村委会、乡镇人民政府、县市区扶贫办各存 1 份。

现在日子好过了

杨远青出生于1963年，妻子龙金娣出生于1967年，两人1986年结婚，育两女一子。三个孩子都已经成家。其中，大儿子杨峰出生于1987年，一直在浙江省打工，婚后育有两个男孩。

2013年11月3日，习近平总书记和村民座谈时，龙金娣抱着只有1岁多的孙子，欣喜地见证了这一幕。新华社记者拍摄的照片中，留下了祖孙俩的身影。

一直以来，杨远青夫妻都在家务农，种几亩地的玉米、水稻等。为补贴家用，早年家里养了三头牛，有时也养上几头猪。农闲时，杨远青会到矿上做零工，但收入不稳定。为了供三个孩子读书，日子过得紧巴巴的。

杨远青家的木屋是30年前修建的，以前十分简陋，没有厨房、厕所。近年，村里改厕改厨，他家有了厨房、厕所，生活方便多了。2019年，看到家门前游客络绎不绝，龙金娣与嫁到竹子寨的妹妹一起在家里开起了"姐妹农家乐"。因妹妹退出，农家乐于2020年6月停办。

2020年7月，杨远青家一楼的三间房被吉首老板以6万元一年的租金租下，展示、售卖苗族银饰、银制品。杨远青女儿杨柳被聘为营业员，每月工资3000元。

龙金娣从2020年4月开始摆摊，卖米豆腐、凉粉、玉米面等小吃。2019年，夫妻俩花费八九万元，买了一辆国产五十铃皮卡汽车，以方便搬运农作物和出门赶集。

杨远青夫妇心声

现在日子好过了，房子可以出租，住在家里就可以赚钱。村里道路拓宽了，平坦了，出行方便，游客也越来越多，我们的见识也广了。

兜底保障

在十八洞村，通过精准识别，共评定 33 户兜底保障户。村里将孤寡老人和残疾人列为重点兜底保障的对象。

根据家庭的情况，尤其是家庭人员的身体状况，兜底保障户分为三类：一类补助 318 元/（人·月），二类补助 198 元/（人·月），三类补助 178 元/（人·月）。此外，很大一部分兜底保障户，同时享受到了危房改造的政策支持。

近年来，十八洞村集体经济收入不断壮大，村集体为群众办事的能力显著提升。全村困难群众，除可享受国家规定的优惠、救助政策外，村集体还有专门的救助措施。

198	2014	1	
档案	救	3	86

湖南省农村扶贫对象

档

案

户主姓名：刘青斌

花垣 县（市、区）排碧 乡镇十八洞 村

申请日期：2014 年 3 月 4 日

户主姓名：刘青斌

湖南省农村扶贫对象申请审批表

十八洞　村委会：

　　本人姓名 刘青斌 性别 男 年龄 38 家庭人口 2 人（其中有劳动能力的 0 人），现为 5 组居民，有住房面积 100 平方米，房屋结构为 木房 。承包责任田 2 亩，责任山 0 亩，责任土 1 亩。家庭主要收入来源是 务工 ，上年度大致收入 2000 元。因 残疾 原因家庭困难，特申请农村扶贫对象户待遇。

申请人签字：刘青斌

2014 年 3 月 4 日

审批意见	村评议小组评议情况	根据 刘青斌 户的申请，我们于 2014 年 2 月 21 日对申请户进行民主了评议，参加评议人数 28 人，该申请户得到同意票 19 张，得票排位第 4 名。 评议小组组长签字： 2014 年 3 月 21 日	村委会评议意见	经调查并公示，该户符合扶贫对象相关条件，同意申报农村扶贫对象户。 负责人签字：施进兰 2014 年 8 月 5 日（公章）
	乡镇审核意见	经核实，同意申报该户为农村扶贫对象户。 负责人签字：吴永宏 2014 年 8 月 28 日（公章）	县扶贫办复核意见	经复核，同意申报该户为农村扶贫对象户。 负责人签字： 2014 年 9 月 6 日（公章）
	县政府审批意见	经审查，同意该户享受农村扶贫对象户待遇。 2014 年 9 月 29 日（公章）		

备注： 要求准确表述本户致贫原因，不能笼统填缺钱、缺技术。

家 庭 情 况

户主姓名	刘青斌	性别	男	
家庭人口	2人	民族	苗	
出生时间	1976 年 1 月 21 日			
联系电话	13573867			
识别标准	國家标准			
家庭住址	花垣县排碧乡十八洞5組			
贫困户属性	低保贫困户			
主要致贫原因	因残			

耕地面积（亩）	3	林地面积（亩）	0
牧草地面积（亩）	0	住房面积（平方米）	100

1

帮 扶 成 效

时间	成 效 内 容	签字
2014年	1. 发展刺梨嫁接种植产业支持的村扶贫款 3000元，以奖代补支持1000元嫁接桃10棵。	刘青武
	2. 手拈务工收入8000元。	刘青武
	3. 立国水库临育庭竹人安置6万/人。阿政补助3万元/人，新得拆迁补助安置1280元	
	4. 思想观念得到明显改变了，解了精准扶贫政策。	刘青武
	5. 农网接通电了，饮用水安全入户。	刘青武
2015年	1. 发展刺梨嫁接种植支持的村扶贫金资款，以奖代补支持1000元嫁接桃10棵。另外实发帮扶慰问1500元。	刘青武
	2. 立国水库临迁阿政补助安置补助5万元。	刘青武

12

帮扶成效

时间	成效内容	签字
2015年	3. 熟悉精准扶贫政策。	刘青斌
	4. 刘青斌外出务工年收入10000元。	刘青斌
	5. 入户道路硬化房前屋后清理干净。	刘青斌
2016年	1. 113工程稳步推进	刘青斌
	2. 刘青斌外出务工年收入10000元。	刘青斌
	3.	刘青斌
	4.	刘青斌

13

帮扶成效

时间	成 效 内 容	签字
2016年	5. 院扶在岗帮扶就了不孕查流水精后振。	
2017年	1. 收蚕路种猴桃节红4000元, 113元程扶正机材孝对认猴子200元。	刘青武
	2. 刘青武外出务工年收入14000元。	刘青武
	7. 运困引导临时政补助48元元, 临政补临界派保临少200元。	刘青武
	4. 刊杨孙孙送送扶助学金2500元。	刘青武
	5. 有小儿患疾产4人芸获得家济, 238元。	刘青武
	6. 思想扣脫, 除刘切实林道熟率品精情扶贫政策。	刘青武

14

帮扶成效

时间	成效内容	签字
2017年	7. 完成危房改造，住进环保新居。	刘青斌
2018年	1. 享受防保临时财政补贴480元/人，财政补贴到账。	刘青斌
	2. 享受助学920元。	刘青斌
	3. 小孩子获这样助学金2800元。	刘青斌
	4. 享受特惠保60元/人共240元。	刘青斌
	5. 低保补助1100多元。	刘青斌
2019年	1. 继续落实产业入股分红每人800元。	刘青斌

15

帮扶成效

时间	成 效 内 容	签字
2019年	2. 享受城里低一级医区引导站和薪岁导位每人200元。	刘青斌
	3. 苏困性贼困人生活补助333元	刘青斌
	4. 苏治住保计助1180元。	刘青斌
	5. 苏头利中计助：①3加之粮字猴桃分红. ②禁戒商林57.75元. ③社会兜底180元	刘青斌
	④60之困战生活。⑤50之戒	刘青斌
	麻护补. ⑥30之学共计助.	刘青斌

16

帮扶成效

时间	成 效 内 容	签字
	⓪ 子女之成长问题听。	刘青武
	6. 养活残疾人护理补助55元。	刘青武
	7. 养困难残疾就活补助90元。	刘青武
	8. 养残疾困难生活补助25元。	刘青武
2020年	1. 贴喷消毒工程序。	
	2. 第一季度以比素困难之补贴到位。	
	3. 村里按一部补贴以区放、养老保险。	

17

附件4

贫困户脱贫验收表

户主姓名：刘青斌　　家庭人口：2 人　　身份证号码：43312419760121____

花垣　县市区　双龙　乡镇　十八洞村　5　组　　联系电话：13575867___

序号	脱贫指标	验收标准	乡镇核实
1	家庭当年农民人均纯收入稳定超过国家脱贫标准	家庭当年农民人均纯收入稳定超过国家脱贫标准。计算方法：农民人均纯收入＝（总收入－家庭经营费用支出－税费支出－生产性固定资产折旧－农村内部亲友赠送）/农村居民家庭常住人口。	人均纯收入 7350 元。 达标☑　　未达标□ （原因：＿＿＿＿）。
2	不愁吃	家庭成员常年食品支出由家庭自主保障或国家保障,饮水安全达标。	达标☑　　未达标□ （原因：＿＿＿＿）。
3	不愁穿	家庭成员常年服装支出由家庭自主保障或国家保障。	达标☑,　　未达标□ （原因：＿＿＿＿）。
4	基本医疗保障	家庭成员均参加城乡居民基本医疗保险,并享受其他医疗保障政策。	达标☑,　　未达标□ （原因：＿＿＿＿）。
5	义务教育保障	适龄未成年人均能接受义务教育，没有因贫辍学的现象（因重度残疾、精神病或重大疾病等原因不能正常上学的除外），家庭成员享受其他相应教育扶贫政策。	达标☑,　　未达标□ （原因：＿＿＿＿）。
6	住房安全保障	房屋场地安全，结构安全，满足正常使用要求和抗震要求，人均建筑面积不低于 13 平米(用于服务储藏、农具放置等辅助用房不计入面积控制要求)。属于易地扶贫搬迁的贫困户，按省发改委、省住建厅确认的搬迁安置房相关标准执行。	达标☑,　　未达标□ （原因：＿＿＿＿）。
7	村民主评议意见	经村民小组推荐，村"两委"组织村民代表评议小组评议，拟确定该户为脱贫户。 评议组长签名（盖章）：　　　　　　村委会（盖章）： 2016 年 11 月 22 日	
8	农户确认	经过自身努力和各界帮扶，本户已达到脱贫标准，现自愿退出贫困户序列。 户主签名：刘青斌　　　　　　2016 年 11 月 23 日	
9	乡镇核实（初步验收）意见	经乡镇核实（初步验收），该户达到脱贫标准。 验收核实人（签字）：　　　　　2016 年 11 月 31 日	

说明：1.此表一式3份，村委会、乡镇人民政府、县市区扶贫办各存1份。

2.村级评议组长签名（盖章）中的"评议组长"，指由群众评选或村"两委"指定的评议会议主要负责人。

3."农户确认"一栏原则上由户主本人或者由18岁以上家庭主要成员签名，并按手印。

260

很感谢国家

刘青斌 1976 年出生，老婆龙戈妹 1993 年出生，两人 2012 年结婚。他家育有三个女儿，大女儿读小学一年级，二女儿读幼儿园，小女儿两岁。刘青斌和妻子都有残疾证，妻子缺乏语言表达能力，幼时手骨折后没有痊愈，家中大小事情主要由刘青斌做。

2011 年以前，刘青斌在浙江打工，因为缺技术且有残疾，收入很低，除掉房租和生活费，所剩无几。2012 年结婚后他在家务农，也到家附近打零工。

因为夫妻双方均为残疾人，家中又无其他健康劳动力，所以家中一贫如洗。2014 年，刘青斌家被评为兜底保障户（一类保障），家人每人补贴 318 元 / 月，5 人共补贴 1590 元 / 月。还有残疾人补贴 200 元 /（人·月），夫妻两人共 400 元 / 月。2018 年 8 月，村里安排他到旅游公司做保安，工资 1800 元 / 月。2017 年村集体种植的猕猴桃开始分红，他家自此每年拿到了分红的钱。小孩读书享受教育扶贫政策，大女儿补贴 750 元 / 学期，二女儿免一半学费。

因旅游开发的需要，刘青斌家被征购了两三亩地，共得征地款 6 万元。还有两亩多地流转给堂哥刘青长种迷迭香，流转费标准是 600 元 /（亩·年），每年可得 1000 多元。

现在，刘青斌家已经不种水稻，只种了点玉米。家里的主要开销是两个女儿读书的费用和日常生活上的花销。

2017 年，刘青斌家进行了危房改造，2019 年用征地款装修了新房子。

刘青斌心声

很感谢国家，没有国家的帮扶政策，就没有今天这么好的日子。我觉得在乡下蛮可以，在外打工租房、一日三餐很花钱，在家里做事划算些，主要是可以照顾家里。

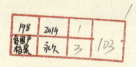

湖南省农村扶贫对象

档

案

户主姓名：施央成

花垣 县（市、区）排碧 乡镇 十八洞 村

申请日期：2014 年 3 月 4 日

户主姓名：施央成

2

湖南省农村扶贫对象申请审批表

十八洞 村委会：

　　本人姓名 施央成 性别 男 年龄 59 家庭人口 3 人（其中有劳动能力的 2 人），现为 5 组居民，有住房面积 120 平方米，房屋结构为 木房 。承包责任田 4 亩，责任山 15.8 亩，责任土 2.2 亩。家庭主要收入来源是 务农 ，上年度大致收入 4000 元。

　　因 病、缺技术 原因家庭困难，特申请农村扶贫对象户待遇。

申请人签字： 施央成

2014 年 3 月 4 日

审批意见	村评议小组评议情况	根据 施央成 户的申请，我们于 2014 年 2 月 21 日对申请户进行民主了评议，参加评议人数 28 人，该申请户得到同意票 22 张，得票排位第 1 名。 评议小组组长签字：刘XX 2014 年 2 月 21 日	村委会评议意见	经调查并公示，该户符合扶贫对象相关条件，同意申报农村扶贫对象户。 负责人签字：施进兰 2014 年 8 月 5 日（公章）
	乡镇审核意见	经核实，同意申报该户为农村扶贫对象户。 负责人签字：吴X东 2014 年 8 月 28 日（公章）	县扶贫办复核意见	经复核，同意申报该户为农村扶贫对象户。 负责人签字：张XX 2014 年 9 月 6 日（公章）
	县政府审批意见	经审查，同意该户享受农村扶贫对象户待遇。 2014 年 9 月 29 日（公章）		

备注：要求准确表述本户致贫原因，不能笼统填缺钱、缺技术。

家 庭 情 况

户主姓名	施块成	性别	男	
家庭人口	3	民族	苗族	
出生时间	1955年 5 月 6 日			
联系电话	1357432..			
识别标准	國家标准			
家庭住址	花垣县 排碧乡十八洞村5组			
贫困户属性	一般贫困户 低保			
主要致贫 原因	因病			
耕地面积 （亩）	6.2	林地面积 （亩）	15.8	
牧草地面积 （亩）	0	住房面积 （平方米）	120	

1

家 庭 成 员

姓　名	公民身份号码 或残疾证号码	与户主 关系	劳动能力
祗央成	433124 9550506	户主	普通劳动力
龙最娥	433124 9620412	配偶	普通劳动力
祗蓉	4331242006112	女儿	无劳动力

帮 扶 责 任 人

姓　名	单位名称	单位隶属关系	联系电话
吴进华	县扶贫开发办	县直	13974301
龙志刚	县扶贫开发办	县直	15074311

帮 扶 成 效

时间	成 效 内 容	签字
2015年	纳入精准扶贫名单。	施央成
2015年	获生态补偿410元。	施央成
2015年	入户道路和房前屋后铺设清石板	施央成
2015年	务工收入5000元	施央成
2016年	医疗保险财政补贴交保险1张80元	施央成
2016年	验羊鸽候扶持财扶资金增喂 113元养羊鸽扶持54元买鱼苗3000尾	施央成
	和100元购买黄桃10株,补植茶 5亩取租林权领款2200元;茶苗 和土鸡托帮扶受益800元	施央成

9

帮扶成效

时间	成 效 内 容	签字
2016年	领取养老金960元，领取低保金940元，云森生态补偿40元，助学金700元	施央成
2016年	接通入户网络	施央成
2016年	务工收入8000元	施央成
2017年	当雄猕猴桃基地分红3000元，11户转蕉领取布时村扶贫款300元，种养计划4800元	施央成
2017年	参医疗保险报销补助发保金1440元	施央成
2017年	领取养老金1020元，领取低保金600元，森生态补偿40元，助学1500元	施央成
2017年	思想观念、纪律上的转变，助和精准扶贫政策。	施央成

10

帮扶成效

时间	成效内容	签字
2017年	务工收入10000元	施央成
2017年	获得扶贫特惠保资金180元	施央成
2018年	支持财扶资金修管格剪缝扎113平方就面取动财补经款300元	施央成
2018年	交医疗分帮会个人出资75元/人财政补贴交保险25元	施央成
2018年	获得生态补偿金405元	施央成
2018年	获得扶贫特惠保资金180元	施央成
2018年	获得教育补贴1500元	施央成

11

帮扶成效

时间	成效内容	签字
2019年	1. 得到组织发桃产业分红 3000元	施忠成
	2. 享受农村合作医疗减免 380元	施忠成
	3. 享受农村养老保险减免 100元	施忠成
	4. 享受"特惠贷"减免 150元.	施忠成
3.22	享受农村低保补助 534元	施忠成
6.19	享受农村低保补助 534元	施忠成

6

帮扶成效

时间	成 效 内 容	签字
	获得教育补贴 1500元/年	施史成
	获得生态补偿金 244.9元	施史成
	全年享受低保金 5784元	施史成
	获得政策性补贴 180元	施史成
2020年	1.猕猴桃产业分红 4800元. 2.发合作医疗养保缴费补贴,计生奖励280元 3.发养老金 1236元/年.	
2020年.	4.发教育助学补助 1500元/年.	

7

附件4

贫困户脱贫验收表

户主姓名：施央成　　家庭人口：3人　　身份证号码：43312419550506 ⟨⟨⟨

花垣 县市区　双龙 乡镇　双龙 村 5 组　　联系电话：13574327 ⟨⟨

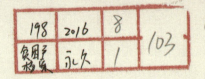

序号	脱贫指标	验 收 标 准	乡镇核实
1	家庭当年农民人均纯收入稳定超过国家脱贫标准	家庭当年农民人均纯收入稳定超过国家脱贫标准。计算方法：农民人均纯收入＝（总收入－家庭经营费用支出－税费支出－生产性固定资产折旧－农村内部亲友赠送）/农村居民家庭常住人口。	人均纯收入4331元。达标☑　　未达标□（原因：_____）。
2	不愁吃	家庭成员常年食品支出由家庭自主保障或国家保障，饮水安全达标。	达标☑未达标□（原因：_____）。
3	不愁穿	家庭成员常年服装支出由家庭自主保障或国家保障。	达标☑，　　未达标□（原因：_____）。
4	基本医疗保障	家庭成员均参加城乡居民基本医疗保险，并享受其他医疗保障政策。	达标☑，　　未达标□（原因：_____）。
5	义务教育保障	适龄未成年人均能接受义务教育，没有因贫辍学的现象（因重度残疾、精神病或重大疾病等原因不能正常上学的除外），家庭成员享受其他相应教育扶贫政策。	达标☑，　　未达标□（原因：_____）。
6	住房安全保障	房屋场地安全，结构安全，满足正常使用要求和抗震要求，人均建筑面积不低于13平米(用于服务储藏、农具放置等辅助用房不计入面积控制要求)。属于易地扶贫搬迁的贫困户，按省发改委、省住建厅确认的搬迁安置房相关标准执行。	达标☑，　　未达标□（原因：_____）。
7	村民主评议意见	经村民小组推荐，村"两委"组织村民代表评议小组评议，拟确定该户为脱贫户。 评议组长签名（盖章）：　　　　　　村委会（盖章）： 2016年11月22日	
8	农户确认	经过自身努力和各界帮扶，本户已达到脱贫标准，现自愿退出贫困户序列。 户主签名：施央成　　　　　2016年11月23日	
9	乡镇核实（初步验收）意见	经乡镇核实（初步验收），该户达到脱贫标准。 验收核实人（签字）：　　　　　2016年11月31日	

说明：　1.此表一式3份，村委会、乡镇人民政府、县市区扶贫办各存1份。

　　　　2.村级评议组长签名（盖章）中的"评议组长"，指由群众评选或村"两委"指定的评议会议主要负责人。

　　　　3."农户确认"一栏原则上由户主本人或者由18岁以上家庭主要成员签名，并按手印。

272

现在国家政策好

施央成出生于 1955 年，妻子龙最娥出生于 1962 年，女儿上小学五年级。

长期以来，施央成在家里种地、养猪和羊，同时在村子附近打点零工。因为家贫，他很晚才结婚。因为妻子有慢性病和残疾，家中绝大部分农活和家务事得由他承担。

2016 年以前，施央成未申请兜底保障。2016 年，扶贫工作队和村两委了解实情后，将他家增补为兜底保障户（三类保障），可补贴 178 元 /（人·月），3 人共补贴 534 元 / 月，同时女儿上学有教育补助，一年补助 1500 元。

考虑到施央成家的困难情况，2020 年初扶贫工作队推荐他到旅游公司上班，做保洁员，每月工资 1800 元。6 月前，因新冠肺炎疫情影响，每月发放 900 元，7 月恢复为正常工资。除低保补贴外，这是他家的主要收入。

2016 年，施央成家被评为危房改造户，政府出资对他家的房屋进行了改造。

施央成心声

现在国家政策好，日子比以前好过了。我自己不怕受苦，但是希望女儿不要受苦，希望女儿尽她能力读书，我一定支持。

198 | 2014 | 1 | 59

湖南省农村扶贫对象

档

案

户主姓名：龙 靖

花垣 县（市、区）排碧 乡镇 十八洞 村

申请日期：2014 年 3 月 4 日

户主姓名：龙　靖

2

湖南省农村扶贫对象申请审批表

__十八洞__ 村委会：

本人姓名 施靖 性别 男 年龄 17 家庭人口 2 人（其中有劳动能力的 1 人），现为 3 组居民，有住房面积 120 平方米，房屋结构为 木房 。承包责任田 3.3 亩，责任山 4.5 亩，责任土 0.3 亩。家庭主要收入来源是 务农 ，上年度大致收入 3000 元。

因 缺技术 原因家庭困难，特申请农村扶贫对象户待遇。

申请人签字：施靖

2014 年 3 月 4 日

审批意见	村评议小组评议情况	根据 施靖 户的申请，我们于 2014 年 2 月 21 日对申请户进行民主了评议，参加评议人数 28 人，该申请户得到同意票 12 张，得票排位第 3 名。 评议小组组长签字：施纪 2014 年 3 月 21 日	村委会评议意见	经调查并公示，该户符合扶贫对象相关条件，同意申报农村扶贫对象户。 负责人签字：施进兰 2014 年 8 月 5 日（公章）
	乡镇审核意见	经核实，同意申报该户为农村扶贫对象户。 负责人签字：吴永凤 2014 年 8 月 28 日（公章）	县扶贫办复核意见	经复核，同意申报该户为农村扶贫对象户。 负责人签字：龙秀文 2014 年 9 月 6 日（公章）
	县政府审批意见	经审查，同意该户享受农村扶贫对象户待遇。 2014 年 9 月 29 日（公章）		

备注：要求准确表述本户致贫原因，不能笼统填缺钱、缺技术。

276

家 庭 情 况

户主姓名	龙靖	性别	男	
家庭人口	2	民族	苗族	
出生时间	1997 年 7 月 11 日			
联系电话	15974347 15200782.			
识别标准	国家标准.			
家庭住址	花垣县排碧乡十八洞村3组			
贫困户属性	低保兜底困户			
主要致贫 原　因	缺技求			
耕地面积 （亩）	3.6	林地面积 （亩）	14.5	
牧草地面积 （亩）	0	住房面积 （平方米）	120	

1

家 庭 成 员

姓 名	公民身份号码 或残疾证号码	与户主 关系	劳动能力
龙请	433124199707ll..	户主	普通劳动力
石秀克	433124194012221..	之祖母	无劳动能力

帮 扶 责 任 人

姓 名	单位名称	单位隶属关系	联系电话
龙文坤	苗汉子合作社	企业	13237438..

帮 扶 成 效

时间	成 效 内 容	签字
2014年	1.发展猕猴桃产业支持财扶资金6000元、113工程获得支持100元购买黄水桃10株并增收入2000元	志清
	④医疗保险获得财政补贴交保险金640元、领取养老金660元、获生态补偿156元领取低保金2160元。	志清
	⑤思想观念得到明显改变、了解了关于住扶贫政策。④农网升级通入户	志清
		志清
2015年	1.发展猕猴桃水桃支持财扶资金培训、113工程获支持100元购买水桃10水朵、花卉委托帮扶受益1000元、水朵收入2440元	志清

8

帮扶成效

时间	成效内容	签字
	2、医疗保险财政补交保险760元、住院获补偿1292元、领取养老金900元、低保金2160元、获生态	龙清
	补偿156元、务工收入2000元。 ③入户道路和房前屋后全铺成	龙清
	青石板。	
2016年	1、猕猴桃支持财扶资金培植113工程获支持100元购买黄桃10株、补植并领取桃认领款4500元、	龙清
	花卉产业委托帮扶受益800元、种植收入2000元。 2、医疗保险财政补贴交保	龙清
	险720元、领低保金2664元、养老金960元； 3、思想、观念得到切实转变、熟	龙清
	悉、精准扶贫政策； 4、务工收15000元 5、接通入户网络、自来水入户入厨	龙清

9

帮 扶 成 效

时间	成 效 内 容	签字
2017年	1 发展猕猴桃获分红2000元.113工程坚级取桃获对认额款100元种植收入2000元	龙靖
	2 支医疗保险财政补贝以支保险960元.住院补偿2200元;	
	3 领得低保金3120元养老金1020元;	龙靖 龙靖
	4 思想、观念得到切实转变 熟知米青准扶贫政策;	龙靖
	5 务之收入20000元。	龙靖
	6 获得特惠保政策资助120元	龙靖

10

帮 扶 成 效

时间	成 效 内 容	签字
2018年	1.交医疗保险由财政补贴交保险360元	龙青
	2.领的低保金3792元.养老金1236元	龙青
	3.思想观念得到切实转变 月脱贫致富动力十足.	龙青
	4.务工收入25000元	龙青
	5.获特惠保政策资助12吨	龙青
	6.生态公益林补贴5元.玉米良种补贴5元.中药区良种补贴74元.	
2019年	1.农村低保一类补贴396元 2.猕猴桃补贴3600元.	龙青

11

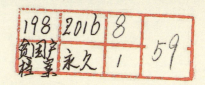

附件4

贫困户脱贫验收表

户主姓名：龙靖 家庭人口：2 人　身份证号码：43312419970711‥‥ 花垣
县市区　双龙 乡镇　十八洞 村 三组　联系电话：1527431132

序号	脱贫指标	验 收 标 准	乡 镇 核 实
1	家庭当年农民人均纯收入稳定超过国家脱贫标准	家庭当年农民人均纯收入稳定超过国家脱贫标准。计算方法：农民人均纯收入＝（总收入－家庭经营费用支出－税费支出－生产性固定资产折旧－农村内部亲友赠送）/农村居民家庭常住人口。	人均纯收入 9157 元。 达标☑　未达标□ （原因：_____）。
2	不愁吃	家庭成员常年食品支出由家庭自主保障或国家保障,饮水安全达标。	达标☑ 未达标□ （原因：_____）。
3	不愁穿	家庭成员常年服装支出由家庭自主保障或国家保障。	达标☑　未达标□ （原因：_____）。
4	基本医疗保障	家庭成员均参加城乡居民基本医疗保险，并享受其他医疗保障政策。	达标☑,　未达标□ （原因：_____）。
5	义务教育保障	适龄未成年人均能接受义务教育，没有因贫辍学的现象（因重度残疾、精神病或重大疾病等原因不能正常上学的除外），家庭成员享受其他相应教育扶贫政策。	达标☑,　未达标□ （原因：_____）。
6	住房安全保障	房屋场地安全，结构安全，满足正常使用要求和抗震要求，人均建筑面积不低于 13 平米(用于服务储藏、农具放置等辅助用房不计入面积控制要求)。属于易地扶贫搬迁的贫困户，按省发改委、省住建厅确认的搬迁安置房相关标准执行。	达标☑,　未达标□ （原因：_____）。
7	村民主评议意见	经村民小组推荐，村"两委"组织村民代表评议小组评议，拟确定该户为脱贫户。 评议组长签名（盖章）：　　　　2016年 11月22日	村委会（盖章）：
8	农户确认	经过自身努力和各界帮扶，本户已达到脱贫标准，现自愿退出贫困户序列。 户主签名：龙靖　　　2016年 11月 日	
9	乡镇核实（初步验收）意见	经乡镇核实（初步验收），该户达到脱贫标准。 验收核实人（签字）：　　　2016年 11月31日	

说明： 1.此表一式3份，村委会、乡镇人民政府、县市区扶贫办各存1份。

　　2.村级评议组长签名（盖章）中的"评议组长"，指由群众评选或村"两委"指定的评议会议主要负责人。

　　3."农户确认"一栏原则上由户主本人或者由18岁以上家庭主要成员签名，并按手印。

283

有政府扶持，奶奶在家有钱花

龙靖出生于1997年,和奶奶相依为命。奶奶石书吉,出生于1940年,育有两儿两女,龙靖父亲是其小儿子。遵循传统,他父亲继承旧居,赡养老人。

　　在龙靖读小学六年级时,父亲在福建不幸过世,后母亲改嫁。奶奶靠上山找草药、做扫帚到集市上售卖,养大了龙靖。多年来,龙靖家都是扶贫的重点对象。2014年,龙靖家被确定为兜底保障户(二类保障),每人每月补贴198元。政府还为他家做了房屋改造,帮助改建了厨房和厕所。

　　初中毕业后,龙靖在外打工,奶奶仍在家上山找草药,做扫帚。夏天,奶奶将从山上找的鱼腥草、车前草等晒干后用背篓背到集市上,卖1.5元/斤,赶一次集,能卖二三十元。因为每月有补贴,祖孙俩的基本生活得到了保障。

　　2016年7月,龙靖参加了花垣县扶贫办组织的厨师培训班,学了一技之长,后在长沙一家酒店当厨师,家庭收入有了明显改善。

龙靖心声

　　有政府扶持,奶奶在家有钱花,我可以自己赚钱养活自己。现在奶奶年纪大了,虽然她身体还硬朗,但是我还是希望能在家附近找份工作,能时常回家看看奶奶。

新时代十八洞村大事记

2013 年 11 月 3 日

习近平总书记来到十八洞村，看望村里的贫困老百姓，首次提出精准扶贫重要思想

2014 年 1 月

花垣县委选派的首支精准扶贫工作队进驻十八洞村

2014 年 3 月

村党支部换届，选出新一届支委班子

2014 年 5 月

村委会换届，村民投票选出新一届村委班子

2017 年 11 月

被中央精神文明建设指导委员会评为"全国文明村镇"

2017 年 6 月

湖南十八洞山泉水有限公司成立

2017 年 3 月

被国家民族事务委员会评为第二批"中国少数民族特色村寨"

2017 年 2 月

十八洞村退出贫困村序列

2016 年 12 月

花垣十八洞旅游开发有限公司成立

2018 年 6 月 2 日

老挝人民革命党中央总书记、国家主席本扬来十八洞村考察。后来，本扬给十八洞村村民回信表示："十八洞村的成功实践给老挝提供了十分宝贵的经验。"

2018 年 9 月

村民大会修订完善村民自治章程和村规民约。推行"党建引领、互助五兴"基层治理模式

2018 年 10 月

湖南省深入学习贯彻习近平总书记精准扶贫工作重要论述大会参会人员考察十八洞村脱贫成效

2014 年 6 月

中共中央办公厅
首次回访

2014 年 9 月

成立十八洞村苗汉
子果业有限责任公
司，异地流转 970
亩土地种植猕猴桃

2015 年 1 月

十八洞小学、
排谷美小学完
成升级改造

2015 年 5 月

中共中央办公
厅再次回访

2016 年 7 月

十八洞村党支部
被评为"全国先
进基层党组织"

2016 年 5 月

被住房和城乡建设
部评为"美丽宜居
村庄"和第四批"中
国传统村落"

2015 年 12 月

村里举办首届
青年相亲会

2015 年 7 月

十八洞村游苗
寨文化传媒公
司注册成立

2019 年 3 月

十八洞村集
体经济联合
社成立

2019 年 5 月

花垣十八洞旅
游开发有限公
司正式运营

2019 年 8 月

村集体所有的思
源餐厅正式营业

2020 年 3 月

以"四议两公开"
方式通过《十八
洞村村级集体经
济收益分配管理
暂行办法》

后 记

档案存载历史，档案见证变化。

2020年3月底，中共湖南省委常委、省委宣传部部长张宏森要求，以精准扶贫首倡地十八洞村建档立卡户档案为样本，组织编撰一本精准扶贫档案类的图书，为新时代伟业存史、画像、立传，并将书名确定为《立此存照：十八洞村精准扶贫档案实录》。

4月，在中共湖南省委宣传部和湖南省扶贫开发办公室的指导下，湖南人民出版社组建了以作家方雪梅，湖南省扶贫开发办公室主任科员肖坤林，十八洞村第一书记孙中元及扶贫工作队队员刘苏、龙振章，责任编辑周熠，摄影师杨发凯等为主体的编撰团队。5月初，团队成员在十八洞村汇集，全面梳理全村建档立卡户档案，逐一走访建档立卡户，拍摄人物和村庄面貌图片，扫描部分档案，历时三个多月，完成本书的初稿。

本书以24户建档立卡户原生态的档案图片为主要内容，附加人物采访实录、人物精神面貌及生活环境新旧对比的图片，客观、直接、真实、清晰地呈现了十八洞村精准扶贫的流程和实际效果。对部分档案中提及的扶贫政策、帮扶措施、收入数字等做了具体的说明。全书以十八洞村精准扶贫档案为例，从一个侧面记录了中国精准扶贫的历史功绩。

本书的编辑出版，得到湘西州委州政府、湘西州委宣传部、湘西州扶贫开发办公室、花垣县委县政府、花垣县委宣传部、十八洞村扶贫工作队的大力支持；中南出版传媒集团和湖南人民出版社付出了辛勤劳动。书中部分图片来源于新华社，杨帆、李建、龙恩泽、石林荣等人亦为图片拍摄做了工作。在此一并表示感谢。

编　　者

2020 年 9 月

立此存照
十八洞村精准扶贫档案实录

总策划
总主编　张宏森
副主编　蒋祖烜　　康重文　　赵成新

总统筹　杨　壮
统　筹　后　毅　　谢清风
监　制　刘时军　　莫　艳
撰　稿　周　熠　　方雪梅　　肖坤林　　孙中元　　刘　苏　　龙振章
摄　影　杨发凯　　杨　帆　李　建　龙恩泽　　石林荣

图书在版编目（CIP）数据

立此存照：十八洞村精准扶贫档案实录 / 中共湖南省委宣传部，湖南省扶贫开发办公室主编. —长沙：湖南人民出版社，2020.9

ISBN 978-7-5561-2590-6

Ⅰ. ①立… Ⅱ. ①中… ②湖… Ⅲ. ①扶贫—档案资料—汇编—花垣县 Ⅳ. ①F127.644

中国版本图书馆CIP数据核字（2020）第189771号

LICI-CUNZHAO : SHIBADONG CUN JINGZHUN FUPIN DANG’AN SHILU

立此存照：十八洞村精准扶贫档案实录

主　　编　中共湖南省委宣传部、湖南省扶贫开发办公室
责任编辑　周　熠
设计监制　虢　剑
装帧设计　杨发凯
责任印制　肖　晖
责任校对　夏丽芬　谢　喆

出版发行　湖南人民出版社［http://www.hnppp.com］
地　　址　长沙市营盘东路3号
邮　　编　410005
经　　销　湖南省新华书店

印　　刷　湖南天闻新华印务有限公司
版　　次　2020年9月第1版
　　　　　2021年1月第2次印刷
开　　本　787 mm × 1092 mm　1/16
印　　张　19.5
字　　数　136千字
书　　号　ISBN 978-7-5561-2590-6
定　　价　58.00元

营销电话：0731-82683348　（如发现印装质量问题请与出版社调换）